Am 6. Juni 1816 stirbt Goethes Ehefrau Christiane im Alter von 51 Jahren. »Leere und Totenstille in und außer mir«, notierte Goethe an diesem Tag in seinem Tagebuch. Christianes Tagebuch mit Notizen aus ihrem letzten Lebenshalbjahr hat Sigrid Damm bei den Nachforschungen für ihre 1998 im Insel Verlag erschienene ›Recherche‹ *Christiane und Goethe* in Goethes Arbeitszimmer neu entdeckt. Es dokumentiert in Umrissen den Lebensalltag Christianes vom 1. Januar bis 30. Mai 1816, ihr gemeinsames Leben mit Goethe, ihre Nähe zur Familie des Bruders und das eigene selbständige Leben.

Das einzigartige Zeugnis wird von Sigrid Damm hier erstmals vollständig nach der Handschrift ediert und mit subtiler Kenntnis von Christianes Leben, ihren Liebes- und Ehejahren mit Goethe eindrucksvoll kommentiert. Der Anhang mit Bildnissen und Dokumenten enthält alle erreichbaren Zeugnisse von Christianes Leben. Viele davon werden hier erstmals veröffentlicht.

insel taschenbuch 2561
Christiane Goethe
Tagebuch 1816 und Briefe

Christiane Goethe
Tagebuch 1816
und Briefe

In Verbindung mit dem
Goethe-Nationalmuseum Weimar
nach der Handschrift
herausgegeben von Sigrid Damm

Mit zahlreichen Bildern
und Dokumenten

Insel Verlag

insel taschenbuch 2561
Erste Auflage 1999
Vertrieb durch den Suhrkamp Taschenbuch Verlag
Umschlag: nach Entwürfen von Willy Fleckhaus
Satz: Hümmer GmbH, Waldbüttelbrunn
Druck: Konkordia, Bühl
Printed in Germany

1 2 3 4 5 6 – 04 03 02 01 00 99

Leb nun wohl und gedenke mein

Vorwort

Aus dem Jahr 1816 ist ein Tagebuch Christiane Goethes überliefert.

Hans Gerhard Gräf, der erste Herausgeber der Briefe von Christiane und Goethe, fand es in Goethes Arbeitszimmer in den hinteren Räumen des Hauses am Frauenplan. Gräf schrieb im Goethe-Jahrbuch anläßlich des 100. Todestages von Christiane Goethe darüber, zitierte umfänglich daraus. Das war 1916. Niemand folgte der gewiesenen Spur, niemand veröffentlichte das Tagebuch.

1996, achtzig Jahre später, stand es noch immer in Goethes Arbeitszimmer, lediglich der vergilbte Papierumschlag, von dem Gräf berichtet, war entfernt. Nun wird dieses Tagebuch erstmals vollständig nach der Handschrift ediert.

Es ist ein einzigartiges Dokument. Hundertsiebenundvierzig Tage von Christiane Goethes Leben sind durch sie selbst belegt. Eintragungen vom 1. Januar bis zum 24. Mai und vom 29. und 30. Mai 1816. Die Tagebuchnotizen finden sich in dem *Gothaischen verbesserten Schreib-Calender auf das Schaltjahr Christi 1816,* gedruckt bei *Reyhers Wittwe und Erben* in Gotha. Goethe hat den Kalender wohl gekauft, unaufgeschnitten, hat vom Buchbinder feinstes Büttenpapier dazwischen legen, alles heften und binden lassen. Ein Geschenk für seine Frau vermutlich. Auf dem Rücken des festen Einbandes steht *Gothaischer Schreib-Calender* und die Jahreszahl, am Rand ist eine feine Goldlinie, der Einband ist aus schönstem marmoriertem Papier, von dunklem

9

Braun und Rot. Die Innenseiten des Einbandes sind tief-blau. In dem Kalender ist für jeden Tag eine halbe Seite vorgesehen, links die Tagesangabe, Sonnenauf- und Sonnenuntergangzeit, rechts der Raum für die Ausgaben, drei senkrechte Linien, für Taler, Groschen und Pfennige. Am Ende eine *Recapitulatio* für das Jahr. Umrechnungskurse: *Die Thaler zu Gulden und Gulden zu Thalern zu machen.* Zinsangaben: *Jährliches Intrese auf Taler zu 5 pro Cent.* Nachrichten über *Fußbothen-Ordonanz* und *reitende Post, Post-Bericht,* wie *die ordinair = fahrenden Posten ... abgehen und ankommen.* Und Sonnen- und Mondfinsternisse des Schaltjahres 1816: *Wir haben in diesem Jahr vier Finsternisse zu erwarten, zwey an der Sonne und zwey an dem Monde, wovon die eine Sonnenfinsterniß und die beyden Mondfinsternisse in unseren Gegenden sichtbar seyn werden.*

Über das Tagebuch hinaus sind aus diesem Jahr vier Briefe Christiane Goethes überliefert. Drei an ihren Mann, einer an ihre frühere Gesellschafterin Caroline Riemer. Christianes letzter Brief an Goethe schließt mit den Worten: *Leb nun wohl und gedenke mein.* In der Handschrift ihr Namenszug: *CvG,* die Anfangsbuchstaben von Vornamen, Adelsbezeichnung und Nachnamen in eins gezogen. Der Brief ist vom 22. Mai. Das ist wenige Tage vor ihrem Tod. Goethes Schreiben aus dieser Zeit – wir wissen aus Christianes Tagebuch davon – sind nicht überliefert. Sein letzter erhaltener Brief an seine Frau ist vom September 1815. Er ist in Heidelberg niedergeschrieben, in der Zeit seiner Leidenschaft zu Marianne von Willemer. Dieser Brief, dem das Gewicht eines Abschiedsbriefes zukommt, hat einen für Goethe ungewöhnlich nachdenklichen, selbstkritischen Ton. Man könnte ihn auch als eine Bitte um Nachsicht und Verzeihung Christiane gegenüber lesen. *Wenn man zu Hause den Menschen so vieles nachsähe, als man auswärts thut, man könnte einen Himmel um sich verbreiten...* Die Möglichkeitsform *könnte*. Von *Duldsamkeit* war schon früher die Rede. Ist es Ahnung, Eingeständnis, wie schwer es für den ihm nächststehenden Menschen, für Christiane, ist, mit ihm zu leben?

1816, zur Zeit der Niederschrift des Tagebuches, ist Christiane Goethe fünfzig.

Als sie dreiundzwanzig Jahre war, begegnete sie Goethe, lebt seither mit ihm. Über ein Vierteljahrhundert ist vergangen. Die ersten glücklichen Jahre ihrer Liebe, da *des geschaukelten Betts lieblicher knarrender Ton* ihr Verhältnis bestimmt und Goethe ihr *des Hexameters Maß, leise, mit fingernder Hand ... auf den Rücken gezählt*, liegen weit zurück. Auch die mittleren, vor allem während der Arbeitsfreundschaft mit Schiller von starken Spannungen in ihrer Liebe bestimmten Jahre, da Christiane lernen muß, hinter das entstehende Werk zu treten, liegen weit zurück.

Und wenn Du vergnügt bist – und das ist gleichbedeutend mit produktiv –, *das ist mir lieber als alles*, ist Christianes Fazit dieser Jahre.

Mit der Heirat, 1806, wird aus der *Demoiselle Vulpius*, dem Fräulein Vulpius, die sie nach fünf Kindern mit Goethe und achtzehn gemeinsamen Jahren mit ihm noch immer ist, die *Frau Geheime Räthin von Goethe*.

Das Ehejahrzehnt wird von Goethes Seite weniger

von Liebe, wohl aber von einer großen Dankbarkeit Christiane gegenüber bestimmt; der Dankbarkeit, daß sie ihn *nach* seiner *Weise leben läßt*, ihm alle Alltagswidrigkeiten fern hält. *Was das Haus und Hauswesen betrifft*, schreibt er ihr, *verlasse ich mich auf Dich in jedem Falle und gehe ruhig weiter.* Er nimmt große Freiheiten für sich in Anspruch, Monate, halbe Jahre lang lebt er im Sommer von seiner Frau getrennt im Böhmischen oder in den Rhein-Main-Gegenden. Für Christiane Goethe ist diese durch Kriege, Truppendurchmärsche, Einquartierungen geprägte Zeit wohl die bitterste in ihrem Verhältnis zu Goethe. Ihre Einsamkeit. Die Verantwortung für das große Haus am Frauenplan.

Mit Beginn des zweiten Jahrzehnts des neuen Jahrhunderts gehen die Lebenslinien Christianes und Goethes stark auseinander. Während der Sechsundsechzigjährige sich sichtbar *verjüngt* – seine Leidenschaft für Marianne von Willemer und sein großer Schaffensneuansatz in seiner Dichtung »West-östlicher Divan« sind der Hintergrund –, lassen bei der sechzehn Jahre jüngeren Christiane die Kräfte nach. Bluthochdruck, Nierenprobleme. Vermutlich bereits 1814 ein erster Schlaganfall, im Januar 1815 ein zweiter; *zwei Querfinger vom Tode* sei seine *gute Frau* gewesen, heißt es bei Goethe. Seine übergroße Empfindlichkeit Krankheiten gegenüber, die für ihn Arbeitsstörung bedeuten. Er fordert seine Frau auf: ... *vor allen Dingen aber sorge für Erheitrung und Erneurung alter angenehmer Bilder ...*

Das ist die Situation der Ehepartner zu Beginn des Jahres 1816.

Warum schreibt Christiane Goethe dieses Tagebuch?

Zeitlebens hält Goethe die Menschen in seiner unmittelbaren Umgebung zum Tagebuchschreiben an. Von seinem Sohn, seinen Sekretären ist es überliefert. Vor allem auf Reisen wünscht Goethe die Notierung aller Eindrücke. Als sein Sohn August während seiner Studienzeit die Rheingegenden zu Fuß durchwandert, bittet Goethe seine Frau: *ersuche Augusten, seine Reisebeschreibung bis ans Ende fortzusetzen* ... Daß die Beobachtungen möglicherweise auch seiner Arbeit zugute kommen, unterstreicht Goethe mit seinem Ausspruch: *Wenn ich zwölf Söhne hätte, so schickte ich jeden an einen anderen Ort, um an meinem eigen Fleisch und Bein zu erfahren, wie es überall aussieht.*

Reisetagebücher hat auch Christiane Goethe geschrieben. Überliefert ist ihr Brieftagebuch von der Fahrt von Frankfurt nach Weimar 1797, die Notizen ihrer Bad Lauchstädt-Aufenthalte, u. a. aus dem Jahr 1803, und ihr Tagebuch der Böhmen-Reise von 1815. ... *das Nähere steht im Tagebuch*, schreibt sie am 19. Juli 1815 ihrem Mann. Briefe und Tagebuch sind in diesem Fall getrennt. Das Tagebuch als Erinnerungstütze, zum Vorlesen nach der Rückkehr, oder als Brief versandt, um den anderen an den Erlebnissen teilhaben zu lassen.

Es müssen noch mehrere Reisetagebücher, von Christiane Goethe oder nach ihrem Diktat verfaßt, existiert haben. So das von 1807 und ihre Aufzeichnungen von der Frankfurt- und Heidelberg-Reise 1808. *Fahrt in eurem Tagebuch fleißig fort*, schreibt Goethe am 16. Oktober 1808 seiner Frau, am 31. Oktober dann: ... *heute kommt Dein Tage-Buch bis zum 27. incl., darüber ich viel Freude habe* ...

Goethe verlangte wohl auch Bilanz, wenn man nicht auf Reisen war, Rechenschaftslegung über das Tag-Werk. Er selbst praktizierte es mit seinen täglichen Tagebuchnotizen. Ganz sicher hat er seine Frau dazu angehalten. Und die mehrere Jahre am Frauenplan lebende Caroline Ulrich. (Ihre Tagebücher sind vernichtet, nur Bruchstücke überliefert.) Ebenso die in der Goethe-Familie verkehrende junge Schauspielerin Ernestine Engels. Von ihr existiert ein Tagebuch mit Eintragungen vom 1. Januar bis zum 3. Juni 1816, acht halbe Foliobögen, zu Quartblättern zusammengefaltet und ineinandergelegt.

Zu vermuten ist, daß es Tagebücher Christiane Goethes mit Eintragungen über den Alltag im Haus am Frauenplan, in Heften oder Schreibkalendern, auch in anderen Jahren gegeben hat. Aber von diesen Aufzeichnungen sind nur wenige Notizen aus dem Jahr 1815 und das Tagebuch von 1816 überliefert.

Christiane Goethe wählt für ihre Notizen – ebenso wie Caroline Ulrich und Ernestine Engels – das Schema, das Goethe mit seinen Tagebüchern vorgibt. In Stichpunkten Fakten, dem Ablauf des Tages folgend: Arbeitsgänge am Morgen, Erledigungen, Besucher, Lektüre, Mittagsgäste, abgesandte Post, Spazierfahrten, Abendunternehmungen, Theaterbesuche u. ä. Nüchterne, knappe Wiedergabe der Geschehnisse, kaum Kommentierung, kaum Gefühle, Stimmungen.

Für Goethe haben seine Tagebucheintragungen einen vielfältigen Sinn. Sein Werk wächst aus dem Tag-Werk. Beim Wiederlesen kann er Werkzusammenhänge zurückverfolgen. Tagebücher und Briefe sind ihm Arbeitsmaterialien, für seine »Tag-und Jahres-Hefte« z. B. sowie insgesamt für sein immer stärker autobiographisch bestimmtes Schreiben; darüber hinaus sind sie gewiß nicht ohne den Blick auf die Nachwelt verfaßt.

Welchen Sinn aber kann die Notierung der ewig wiederkehrenden häuslichen Verrichtungen für Christiane Goethe haben? Zudem sie ein zweites Mal unter den ausgegebenen Geldbeträgen in den Wirtschaftsbüchern festgehalten werden? Das Notieren von Besuchern, Mittagsgästen, Ausfahrten, Spielgesellschaften, um sich Rechenschaft über das täglich Geleistete, den Ablauf des Tages zu geben? Oder um, vielleicht, beim Wiederlesen die Erinnerung an das Gelebte zurückzurufen? Diese Art Tagebuchaufzeichnung widerspricht wohl der Mentalität Christiane Goethes. Zudem ist sie – über die ihr Bruder 1798 Goethe gegenüber äußert: *da meine Schwester eben nicht sehr geschwinde mit der Feder fortkömmt* – mit zunehmendem Alter immer weniger geneigt, selber zu schreiben.

Vermutlich hat sie die Aufzeichnungen nur widerstrebend gemacht. Das ist zumindest ihrem Schreibkalender 1815 zu entnehmen. Mit Ausnahme des Madame Kirsch diktierten Böhmen-Reisetagebuches finden sich nur wenige Eintragungen von ihrer Hand. Notizen im Januar, mit dem Datum des 9. Januar brechen sie ab, die übrigen Seiten sind leer.

Im Tagebuch 1816 dagegen Tag für Tag Aufzeichnungen. Hat es eine Mahnung Goethes gegeben, eine Weisung? Wenn, was war deren Sinn? War es der, ihr nach ihrer schweren Krankheit 1815 und den offenkundig nachlassenden Kräften ein Gefühl ihres Wertes zu geben oder dieses Gefühl zu stärken? Sollte es zur Disziplinierung zwingen? Oder eine Art Kontrolle sein? Wir wissen es nicht.

Möglicherweise hat Friedrich Kräuter, der Schreiber Goethes, einen Anteil daran. *Kräuter, der mich am besten versteht*, heißt es bei Christiane Goethe, *und in meiner Correspondenz der Brauchbarste ist.* Einmal steht er ihr nicht zur Verfügung, sie muß, um einen Brief an Goethe zu diktieren, *Franken von der Bibliothek holen … lassen.* Ihr Brief fällt sehr kurz aus, da sie mit Franke *nicht so recht fertig werden konnte.* Der nächste ist wieder länger. *Jetzt aber, da mir Kräuter wieder zur Hand ist, hoff ich, soll es besser fließen.*

Kräuter ist seit 1814 Goethes Schreiber. Will er es seinem Herrn recht machen? Oder ist vielleicht eine Art von Solidarität mit der Hausherrin im Spiel, deren Lage er verstehen kann? Wie Goethes Mitarbeiter Riemer sich zuweilen beklagt, daß alle um Goethe herum *die Affens* machen müssen, klagt auch Kräuter: *Es ist traurig, wenn man um große Herrn herum ist, da verliert man so ganz seine Selbstständigkeit, darf keinen eigenen Willen mehr haben; genug, man ist ihr Fangball, den sie nach ihrer Willkür herumwerfen, wie sie wollen.*

Wie immer dieses Tagebuch zustande gekommen sein mag, Friedrich Kräuter muß jedenfalls im ersten Halbjahr 1816 täglich für kurze Zeit bei Christiane Goethe gewesen sein, um nach ihrem Diktat die Eintragungen in den *Gothaischen Schreib-Calender* vorzunehmen.

Das überlieferte Tagebuch – wir drucken es auf der linken Seite dieses Buches – bietet eine Fülle von Ereignissen.

Christiane Goethe dirigiert bis zuletzt den großen

Haushalt am Frauenplan; es sind äußerst schwierige Monate, denn fast alle Hausangestellten wechseln, von der langjährigen Köchin angefangen, über den Kutscher, das Haus- und Laufmädchen, die Diener, bis hin zum Gärtner.

Auch über ihren zunehmend schlechteren Gesundheitszustand gibt das Tagebuch Aufschluß. Demohngeachtet macht sie, wie die Aufzeichnungen zeigen, keinerlei Abstriche, geht im Haushalt allen ihren Verpflichtungen nach. Die Tafel für die zahlreichen Besucher ist immer gedeckt. Bis zuletzt wäscht sie die Wäsche im Haus. Läßt Gärten und Krautland versorgen. Noch wenige Tage vor ihrem Tod wird Goethes Arbeitszimmer, wird das ganze Haus gereinigt. Eine Arbeit, die, mit Rücksicht auf die Lärmempfindlichkeit des Hausherrn, nur in seiner Abwesenheit vorgenommen wird.

In den fünf Monaten der Niederschrift ihres Tagebuches verzeichnet Christiane Goethe über vierzig Besuche im Weimarer Hoftheater. Sie geht allein oder mit Freundinnen und Freunden, die in Weimar zu Gast sind. Fünfzehn Aufführungen sieht sie gemeinsam mit ihrem Mann, dem Theaterdirektor. Das Tagebuch belegt, Goethes Wort an seine Frau: *Ohne Dich, weißt Du wohl, könnte und möchte ich das Theaterwesen nicht weiterführen,* trifft nicht nur auf Bad Lauchstädt, sondern ebenso auf Weimar zu. Zum Freundeskreis Christiane Goethes gehören nach ihren Aufzeichnungen u. a. die Schauspielerehepaare Deny, Lortzing und Unzelmann, die Schauspieler Genast, Vater und Sohn, Frau von Heygendorf und Ernestine Engels. Ihr Kümmern um deren private Belange – Geburt und Tod der Kinder, Gevatterschaften, Geburtstage – lassen vermuten, daß sie ausgleichend gewirkt hat, in einer Zeit, da es für Goethe viel Ärger im Theater gibt, ihm seine Arbeit in der Theaterdirektion immer schwerer gemacht wird. (Ein Jahr nach dem Tod seiner Frau kommt es zum Bruch, Goethe legt – vom Herzog dazu gedrängt – die Intendanz nieder.) Dieses ausgleichende Wirken wird sich ebenso auf den übrigen Freundeskreis des Goethe-Hauses beziehen und selbst die Dienerschaft mit einschließen.

Das Tagebuch belegt, daß Christiane Goethe ihren eigenen Freundeskreis hat, und selbst wenn ihr Mann nach langen Abwesenheiten wieder in Weimar weilt, ihr gewohntes Leben weiterführt, ihre Ausfahrten mit Freundinnen, ihre Spielgesellschaften an den Abenden im Haus am Frauenplan.

Obgleich im Tagebuch Besuche von Charlotte von Stein und Charlotte von Schiller am Frauenplan und Christianes Besuch im Salon der Madame Schopenhauer notiert sind, gewinnt man aus der Gesamtheit der Aufzeichnungen den Eindruck, daß sie bis zu ihrem Lebensende überwiegend den Freundeskreis beibehält, der ihr in den ersten Jahrzehnten durch ihre Nichtanerkennung in Weimar aufgezwungen worden war. Es sind die niederen Hofbeamten, solche, die auch der Umgang ihres Vaters gewesen sein könnten, die kleinen Leute, deren Frauen und Töchter.

Und ihre Verwandten, Bruder, Schwägerin und deren Kinder. Das Tagebuch 1816 ist der einzige authentische Beleg – Christianes Briefe an Goethe sparen es aus diplomatischen Gründen aus –, daß ihre frühere Bindung an ihren Bruder Christian August Vulpius bis zu ihrem Tode anhält und dessen Familie mit einbezieht.

Wie wird all das aus den knappen Zeilen des Tagebuchs, aus den stichpunktartigen Notierungen, für den Leser lebendig?

Parallel zu Christianes täglichen Notizen werden auf den rechten Seiten Texte abgedruckt, die Hintergrund und Atmosphäre vermitteln, hilfreich bei der Entschlüsselung sein können.

Die von Christiane Goethe im Tagebuch erwähnten Personen werden – soweit sie zu ermitteln waren – erläutert, das Verhältnis der Schreiberin zu ihnen umrissen.

Ihre täglichen Aufzeichnungen über den Haushalt werden durch Angaben aus den Rechnungsbüchern einschließlich der ausgegebenen Geldsummen ergänzt.

Anzeigen aus dem Jahrgang 1816 der Zeitung »Weimarisches Wochenblatt« geben Lokalkolorit der Kleinstadt Weimar wieder. Ihnen lassen sich die Gründe für die Kündigung von Köchin und Kutscher im Goethe-Haus entnehmen. Ebenso die für Spannungen beim Weggang des Schauspielerehepaares Wolff.

Auszüge aus dem »Weimarischen Wochenblatt« machen außerdem deutlich, welche politischen und gesellschaftlichen Ereignisse Hof und Stadt Weimar in den ersten fünf Monaten des Jahres 1816 beschäftigten und in die Familie im Haus am Frauenplan hineinwirkten. Das Friedensfest anläßlich des Sieges über Napoleon, die Feierlichkeiten zur Verleihung des Falken-Ordens, die Trauerfeierlichkeiten zum Tod von Carl Augusts Tochter, die Huldigungsfeierlichkeiten, die Carl August, im Ergebnis des Wiener Kongresses nun Königliche Hoheit, mit den neu zum Fürstentum hinzugekommenen Gebieten vollzog.

Die Beförderungen von Sohn, Bruder und Ehemann,

die Christiane Goethes Tagebuch notiert, stehen unmittelbar oder mittelbar damit in Zusammenhang.

Goethe wird zum *Staatsminister* ernannt, in der Folge wird – wie damals üblich – die *Frau Geheime Räthin* von Goethe die *Frau Staatsministerin* von Goethe. Die Rangerhöhung seiner Mutter registriert der Sohn August umgehend in den Rechnungsbüchern.

Die Texte auf der rechten Seite bieten auch Auszüge aus Ernestine Engels' Tagebuch, die Alltagsatmosphäre im Haus am Frauenplan wiedergeben, deren Verschränkung mit dem Theater und Christiane Goethes Abhängigkeit davon verdeutlichen.

Die Textauszüge aus Goethes Tagebüchern, aus seinen Briefen lassen den Leser gemeinsam und getrennt gelebtes Leben der Ehepartner wahrnehmen. Das getrennte Leben überwiegt. Und keiner scheint an das Leben des anderen mehr Ansprüche zu haben. Ob das Gewohnheit seit langem ist oder der Extremsituation geschuldet – auf seiner Seite der Neuansatz im Schaffen, die große Produktivität, auf der ihren Krankheit und Kräfteverfall –, ist nicht zu sagen.

Dennoch gibt es bis zuletzt Berührungen. Es sind die Familien-Mahlzeiten, die gemeinsam empfangenen Gäste, die Spazierfahrten ins Webicht, nach Belvedere, nach Bad Berka und die Theateraufführungen, die sie zusammen besuchen.

An den Fürstenhof geht Goethe stets allein, auch die wichtigen Gesellschaften in der Stadt besucht er ohne seine Frau.

Insofern gleicht dieses gemeinsam und getrennt gelebte Leben in auffälliger Weise dem ihres ersten glücklichen Liebesjahrzehnts. Aber die Insel, die für sie ihr Haus war, wohin sie sich vor der Gesellschaft zurückzogen, existiert nicht mehr; Goethes Worte von damals: *Ach! mein Liebchen! Es ist nichts besser als beisammen zu sein. Wir wollen es uns immer sagen*, sind Vergangenheit.

Getrenntes Leben auch im Haus. Goethe arbeitend, mit Meyer oder Riemer oder allein, in den hinteren Räumen, Christiane mit Freunden in den vorderen Räumen. Wenn kein Besuch da ist, Christiane mit ihrer Lektüre, Goethe mit seiner Arbeit, beide für sich. Kein Kartenspiel mehr, kein *gespielt mit den Frauenzimmern*, wie Goethe es in der Zeit, als Caroline Ulrich mit im Haus lebte, des öfteren notiert. Kein Vorlesen wie in früheren Jahren, aus »Reineke Fuchs«, aus Teilen von »Dichtung und Wahrheit«, keine Manuskripte an Christiane, wie den Roman »Die Wahlverwandtschaften«. Ein einziges Mal in den fünf letzten Lebensmonaten Christianes liest Goethe aus dem »West-östlichen Divan« vor; bei Hofe, zugegen sind Charlotte von Stein und Frau von Schiller. Christiane Goethe nicht.

Könnte es Schonung ihr gegenüber gewesen sein? Seine Dichtung vermag das Glück der neuen Liebe nicht zu verbergen. Christianes Einsamkeit würde nur größer dadurch. Ihre Rückschlüsse von der Dichtung auf das Leben. Wußte sie von seiner Leidenschaft für Marianne von Willemer? Sie ahnte sie gewiß.

Von *vollkommener Leere*, die *Verhältnisse mit Frauen* bedeuten können, spricht Goethe seinem jungen Freund Boisserée gegenüber; er sagt es nach dem Abschied von Marianne auf dem Weg nach Weimar zu Christiane. Diese *vollkommene Leere*, hat sie sie gefühlt? Gelang es ihr bis zuletzt, die kleinste seiner Dankbezeugungen für das Ganze zu nehmen? Zu vermuten ist, das Ende dieser achtundzwanzig gemeinsamen, stets spannungsreichen, aber doch vielfach glücklichen Jahre muß bitter für sie gewesen sein. Goethes Abschied von ihr war – wie auch bei anderen Menschen in seinem Leben – innerlich längst vollzogen, bevor er Realität wurde. Die letzte Wegstrecke muß sie allein zurücklegen.

Die Fakten des Tagebuches sagen nichts über Christianes inneren Zustand aus. Mit der Fülle der Ereignisse vermittelt es oft den Eindruck des Hektischen, des Getriebenseins. Folgt sie Goethes Rat: *Dich zu zerstreuen ist die Hauptsache.* Lenkt sie sich, wie er ihr rät, durch *äußere Gegenstände von der Betrachtung* ihres inneren Zustandes ab? Die Rolle der stets Heiteren, immer Tätigen, Unternehmungslustigen bis zum Ende spielend? Wohl wissend, daß ihr Körper nicht mehr die Kraft hat, für die Rückkehr der *alten angenehmen Bilder* zu *sorgen*, wie Goethe es wünscht; daß sie vielmehr mit ihrer Krankheit zunehmend für ihn eine Belastung wird, gar ein Teil jener ihn bedrückenden *fürchterlichen Prosa Weimars.*

Hinter der Christiane Goethe, die von morgens bis abends auf den Beinen ist, die, wenn sie die Krankheit ins Bett zwingt, so schnell wie möglich wieder aufsteht, sehe ich die, die um ihr nahes Ende weiß. Sie muß mit diesem Bewußtsein gelebt haben. Sie sieht schon von sich ab, wenn sie Goethe am 18. Mai nach Jena schreibt: *Ich freue mich unendlich, daß Dirs gut geht, denn das ist ja unser aller Glück.* Am 22. Mai dann, in ihrem letzten Brief, jene Zeile: *Leb nun wohl und gedenke mein.*

Am 6. Juni 1816 stirbt Christiane von Goethe.

Goethe wird das Tagebuch in seinem Arbeitszimmer aufbewahren. Er, bei dessen Ordnungssinn nichts zufällig geschieht, stellt es neben die Bücher, die ihm wichtig sind, die Bände seiner Werkausgabe letzter Hand, die Bände seines Briefwechsels mit Schiller. Bis zu seinem Tod steht dort Christiane Goethes Tagebuch von 1816, noch heute steht es da, nahe am Fenster, das Licht aus dem Garten fällt darauf.

Berlin, den 7. März 1999   *Sigrid Damm*

Christiane Goethe

Tagebuch und Briefe
aus dem Jahre 1816

Texte zum Tagebuch

Janvarivs.
1 Mont. Neu Jahr

Früh 74 Neujahrsgratulanten.
meistentheils gesehen und gesprochen.
Mittags für uns.
Wangemanns und der junge Schweizer.
Bassin bey Zunkels.

Montag, 1. Januar 1816

Mittags für uns: häufige Notiz in Christianes und auch Goethes Tagebüchern; bedeutet, daß im kleinen Kreis der Familie gespeist wird.

Tagebuch J. W. Goethe:
Mittag für uns. Gespräch mit August.

Tagebuch Ernestine Engels:
Früh um 8 Uhr zu Kirms . . . Nachher zu Goethe, wohin sehr viel Gesellschaft kam.
Ernestine Engels, Schauspielerin und Sängerin. Befreundet mit der Familie Goethe; gehörte etwa ab 1809 zum engsten Kreis von Christiane Goethes Freundinnen. Im Briefwechsel zwischen Christiane und Goethe ist mehrfach von ihr die Rede. Christiane berichtet am 25. 6. 1810, daß *Mamsell Engels* die Rollen der erkrankten Schauspielerin Teller übernehmen muß, am 19. 1. 1811 wird sie als Gast beim *Schlachtfest* erwähnt. Goethes Tagebuch vom 28. 8. 1809 vermerkt den Besuch von Ernestine Engels und seiner Frau in Jena. Am 1. Juni 1813 sandte Goethe ein Lied an Christiane: *Wenn ich zurückkomme, soll mich die Engels damit empfangen.*

Christian Gottlieb Salomo Wangemann, Kriegssekretär und Rat in Weimar.

Zunkels: Familie Zunkel. Johann Gottfried Zunkel, Theologe in Weimar. Wurde im Januar 1816 vom Diakonus zum Oberkonsistorialassessor befördert.

2 Dienst. Abel Seth

Nach Ulrichshalben den kleinen
Deny gebracht.
Mittags einen Gast:
Collab. Lungershausen, Büttner und
                              Engels.
[Rechte Seite:]
Der Cammer Assessor das Diplom als
                              Cammerrath.

Dienstag, 2. Januar 1816

Ulrichshalben: Dorf nordöstlich von Weimar, in der Nähe von Oßmannstedt.

Tagebuch J. W. Goethe:
Meine Frau nach Oßmannstedt. Mittag für uns.

Deny: vermutlich der Sohn des mit Christiane Goethe befreundeten Schauspielerehepaares Deny. Christiane berichtet Goethe in Briefen vom 13. und 16. Januar 1811 von Geburt und Taufe des Kindes. In einem Brief vom 25. 6. 1810 an Goethe verwendet sie sich für die Anstellung von Frau Deny am Theater. *Die ganze Gesellschaft vom Theater empfiehlt sich Deinem Andenken, besonders aber Deny, welcher äußerte, daß, wenn Madame Teller sterben sollte, seine Frau auch in diesem Fach aushelfen wollte; komische Alte habe sie schon mit Beifall gespielt. Und sie wünscht weiter nichts, als, wenn Du zurückkommst, bei Dir einmal eine Probe von dieser Art abzulegen.*

Carl Theodor Lungershausen, Theologe, 1816 Diakonus in Buttstedt bei Weimar. Im Tagebuch von Ernestine Engels wird er häufig erwähnt, sie war in ihn verliebt. In Christiane Goethes Tagebuch taucht er als Besucher mehrfach auf, der Kontakt scheint aber nicht sehr eng gewesen zu sein. Ernestine Engels vermerkt am 21. April 1816 über einen Abend im Goethe-Haus, daß die Hausherrin Lungershausen ausdrücklich nicht einlud; *sie bat ihn nicht.*

Friedrich Carl Büttner, Kammerbeamter in Weimar, 1816 zum Hofadvokat ernannt.

Madame Büttner, verw. John, seine Frau. Ihr Sohn Ernst Karl Christian John wurde am 11. 3. 1812 von Goethe als Schreiber und Sekretär eingestellt. Als er 1813 während Goethes mehrmonatigem Karlsbad-Aufenthalt erkrankte, entließ Goethe ihn, Christiane hatte zu vermitteln. Goethe am 16. 7. 1813 an sie: ... *daß man seinen Eltern die Sache zwar schonend, aber deutlich vorstellt* ...

Tagebuch Ernestine Engels:
Früh um 9 Uhr zur Goethen. Sie bat mich, mit ihr und Denys nach Ullrichshalben zu fahren. Ich fuhr mit. Um halb 12 kamen wir wider. Von da in die Probe ... Nach der Probe ging ich wieder zur G(oethen) ... Als ich den Mittag nach hause kam, besuchte mich die Riemer. Gespräch von der G(oethen) ... Nachher in die Probe vom Leben ein Traum. Nach der Probe zur G(oethen), mit ihr, Büttner und Lungershausen Boston gespielt.

Der Cammer Assessor: Christianes und Goethes Sohn August; Christiane an Goethe am 19. Juli 1815: *Daß August Kammer-Junker geworden ist, hat er mir auch durch die Heygendorf gemeldet.* Mit Verfügung vom 31. 12. 1815 wurde er nun zum Kammerrat und Sekretär der Oberaufsicht berufen. Das »Weimarische Wochenblatt« Nr. 7 vom 23. Januar 1816 meldet unter der Rubrik »Beförderungen« u. a.: *Sr. Königl. Hoheit der Grosherzog haben bei Höchst Ihro Cammer ... den Cammer=Assessor und Cammerjunker, Herrn Julius August Walther von Goethe, zum Cammerrath ... zu ernennen gnädigst geruhet, worüber denenselben die höchsten Decrete ausgefertigt worden.*

3 Mittw. Enoch

Hauswirthschaftl Rechnung besorgt.
Demlle Seidler von Jena.
Bade Inspector Schütz von Berka.
Mit denselbigen zu mittag.
Mit Dlle Seidler im Leben ein Traum

Mittwoch, 3. Januar 1816

Tagebuch J. W. Goethe:
Besuch des Herrn Oberbaurat Coudray. Dessen Studien-
buch. Minister von Voigt. Demoiselle Seidler und Bade-
inspektor zu Mittag. Raffaelische Kupfer. Meyer.

Caroline Luise Seidler, Malerin in Jena. Mit der Goethe-
Familie befreundet; Spielgefährtin von August Goethe
in Jena. Das Haus am Frauenplan stand ihr immer offen.
Sie kopierte perfekt berühmte Vorlagen.

Johann Heinrich Schütz, Organist in Berka, Badeinspektor des am 24. Juni 1813 in Berka auf Grund schwefel-
haltiger Quellen eröffneten Bade- und Kurbetriebes.
Während des mehrwöchigen Aufenthaltes der Familie
Goethe im Frühling 1814 in Bad Berka war ein freund-
schaftlicher Kontakt zu Schütz entstanden. Christiane
Goethe weilte im Spätsommer 1814 allein in Bad Berka
zur Kur, am 25. August 1814 schrieb sie an Goethe: *Am*
Sonntag habe ich ganz allein in der Kirche Gevatter ge-
standen ... Und sogar spielte unser Herr Organist die
Orgel, welches sonst beim taufen nicht der Fall ist.

Im Hoftheater wurde *Das Leben ein Traum. Romanti-*
sches Schauspiel in fünf Aufzügen, nach Calderon, gege-
ben. Wöchentlich fanden in der Regel drei Vorstellungen
statt, die Theatertage waren Mittwoch, Sonnabend und
Montag. Montag wurde meist ein Lustspiel gegeben,
Mittwoch eine kleine Oper, ein Schau- oder Trauerspiel,
Sonnabend eine große Oper oder ein Trauerspiel. Die
Vorstellungen begannen jeweils 18 Uhr. Zu jeder Vorstel-

lung erschien ein Theaterzettel, auf dem Stück und Darsteller sowie die Preise verzeichnet waren:

Balkon – 16 Gr.
Parket – 12 Gr.
Parterre – 8 Gr.
Gallerie – 4 Gr.

Weiterhin gab es ein Abonnement. Christiane Goethe als Frau des Theaterdirektors hatte ein solches, in den Haushaltsbüchern sind immer wieder die Ausgaben dafür verzeichnet. Die Vorstellung am 3. Januar 1816 war die *Dritte Vorstellung im Sechsten Abonnement.* Der Theaterzettel enthielt darüber hinaus die Information: *Numerirte Plätze im Parterre und numerirte Stühle auf dem Balkon sind belegt und können nur von Abonennten eingenommen werden; Auch können Kinder, für welche der Eintritt nicht bezahlt ist, nicht eingelassen werden. Die Billets gelten nur am Tage der Vorstellung, wo sie gelößt worden.*

4 Donn. Loth

Hauswirthschaftl Rechnung besorgt.
Große Waesche.
Mittags für uns.
Spazierfahrt mit Fr. Dr. Vulpius,
                              Fr. Prof.
Riemer und Dlle. Müller nach
                              Belvedere.
Mit solchen außer Prof. Riemer Boston
gespielt.

Donnerstag, 4. Januar 1816

Helene Vulpius, geb. Deahna, auch de Ahna, Tochter des Kammerkonsulenten Johann Georg Deahna in Meiningen. 1801 Heirat mit Christian August Vulpius. Christiane Goethes Schwägerin. Gehörte zum engsten Kreis ihrer Freundinnen.

Caroline Wilhelmine Henriette Johanna Riemer, geb. Ulrich, Tochter des Justizamtmannes Ulrich in Rudolstadt. Verlor mit zwölf ihre Mutter, war mit zwanzig Vollwaise. Wuchs in Weimar bei der Großmutter auf. Als Achtzehnjährige erste Kontakte mit der Goethe-Familie-Fast gleichaltrig mit dem Sohn August war sie ein gern gesehener Gast. Christiane Goethe nahm sie 1808 als Reisebegleiterin mit nach Frankfurt am Main, sie übernahm auch als Schreiberin die Korrespondenz. Ab 1809 lebte sie für fünf Jahre als Haustochter und Gesellschafterin Christianes am Frauenplan. Mit ihrer Heirat am 8. November 1814 verließ sie das Haus. Der freundschaftliche Kontakt zur Familie, besonders zu Christiane, blieb erhalten.

Demoiselle Müller, am Hoftheater in Weimar. Gehörte zum Freundeskreis Christiane Goethes. Diese erwähnt sie erstmals in einem Brief an Goethe vom 19. Januar 1811.

Belvedere: Lustschloß, 1714 bis 1732 von Herzog Ernst August II. erbaut. Eine halbe Wegstunde von Weimar entfernt, mit Orangerie, Gartenanlagen, Park und angrenzendem Gasthof und der breiten, sanft ansteigenden

Allee, die von Weimar nach Belvedere führt, ein idealer Ausflugsort.

»Weimarisches Wochenblatt« Nr. 2 vom 5. Januar 1816:
Allerhand Bekanntmachungen.
1) Erinnerung. Die sämmtlichen Ehepaare hiesiger Stadt (ohne Unterschied des Alters,) werden hierdurch aufgefordert, die Hebammenbeiträge aufs Jahr 1816, so wie auch die Rückstände, binnen 14 Tagen abzutragen, weil nach Ablauf dieser Frist sodann durch zweckmäßige Maasregeln deren Betreibung erfolgen wird. Weimar, den 4. Jan. 1816. Stadt-Cämmerey das. W. Steffany.

Boston: Spiel für vier Personen mit Whistkarten.

5 Freyt. Simeon

Hauswirthschaftl. Besorgungen.
Riemers besucht.
Mittags für uns.
Paradies der Liebe von Lawrence.
Abends Spielgesellschaft: Baron
                            v. Groß.
Dlle. Müller, Fr. Prof. Riemer.

Freitag, 5. Januar 1816

Friedrich Wilhelm Riemer, Philologe, Schriftsteller. Kam
1803 nach Weimar, wurde der Hauslehrer von Christianes und Goethes Sohn August und war als Sekretär und
Mitarbeiter Goethes tätig. Lebte von 1803 bis 1812 im
Haus am Frauenplan. 1812, mit seiner Anstellung als
Professor am Weimarer Gymnasium und als Unterbi-
bliothekar an der Herzoglichen Bibliothek, zog er am
Frauenplan aus und gründete mit der Heirat 1814 einen
eigenen Hausstand. Er bezog mit seiner Frau eine Wohnung am Markt.
Christiane Goethe richtete Riemers die Hochzeit aus.
Das freundschaftliche Verhältnis der beiden Familien
setzte sich fort.

Im »Weimarischen Wochenblatt« Nr. 3 vom 9. Januar
1816 gibt die *Direction* des *Frauen-Vereins* in Weimar
die Höhe der Beiträge des Vormonats bekannt: *Summa
404 thl. 20 gr. 6 pf.* sowie, was an Material und an Sach-
leistungen eingegangen ist. Im vergangenen Monat
haben *10 Frauen und 12 Jungfrauen unentgeldlich gear-
beitet. ... aus den Mitteln des Vereins* ist *folgendes be-
stritten worden* u. a.: *Zwei Prämien an arme fleißige
Kinder zu Ulrichshalben ... Kost- und Lehrgeld für ein
stummes Kind ... Leinwand zu Hemden und wollen
Garn zum Stricken an einige arme Familien ... 12 Paar
Socken und 3 wollene Jacken in das hiesige Lazareth.*

»Das Paradies der Liebe«, utopischer Roman von James
Lawrence. Untertitel *Anmutige Abenteuer im Lande der
Naiven an der Küste von Malabar wo Freiheit des Wei-*

bes den Menschen das Glück gewährt, sowie schreck-
liche Begebnisse in der ganzen übrigen Welt wo die unse-
lige Ehe herrscht. In der Vorrede von 1793 bezieht sich
der Verfasser auf Mary Wolstonecraft-Godwins 1792 er-
schienenes Buch über die Rechte der Weiber. Lawrence
schreibt, *die Hälfte des Menschengeschlechts* müsse
die *Ketten brechen* und seine *natürlichen Rechte be-*
haupten.

6 Sonnab. Ersch. Chr.

Dlle Kämpfer u. Hofgärtner
Dietrich aus Eisenach, seit 14 Jahren
nicht gesehen.
Mittags Bade Insp. Schütz v. Berka.
Abends im Bergsturz mit Fr. Prof.
              Riemer u. Dlle Kämpfer.

Sonnabend, 6. Januar 1816

Tagebuch J. W. Goethe:
Hofgärtner Dietrich von Eisenach, welchen ich in 14 Jahren nicht gesehen. Mittag für uns. Badeinspektor Schütz, der sich über die Berkaischen Badeangelegenheiten erklärte.

Dlle Kämpfer: vermutlich die Tochter des Leibchirurgen und Kammerdieners Johann Gottfried Kämpfer in Weimar.

Friedrich Gottlieb Dietrich, Hofgärtner im Park in Weimar, später Garteninspektor in Eisenach. In Beilagen des Sohnes zu Christianes Briefen an Goethe mehrfach erwähnt. Am 7. Mai 1799 berichtet der Zehnjährige dem Vater: *Ich habe am Sonnabende den Herrn Dietrich in seinen Gewächshäusern besucht. In dem kleinern, das größtentheils mit Glasscheiben umgeben ist, sahen wir sehr viel Ananas, der in sehr heißer Erde stand, die von unten herauf mit Steinkohlen erwärmt wird. Auch sahen wir das Zuckerrohr, den Chocoladenbaum, und noch viele andere Pflanzen ... Das große Gewächshaus enthielt viele Blumen, mein Citronenbäumchen ist sehr groß.* Am 19. November 1800 schreibt er: *Am Montage sprach ich im Theater mit dem Herrn Hofgärtner Dietrich über verschiedene Pflanzen, und da versprach er mir ein Pflanzenbuch zu schenken, das ich nachher holen will.*

Im Hoftheater wurde gespielt: *Der Bergsturz bei Goldau. Ein Singspiel in drei Aufzügen, Musik von Weigel.*

7 Sonnt. 1 Epiph.

Wirthschaftl. Gedanken.
Hrr. Deny.
Dlle Martin de Launnay.
Hrr. v. Gerstenberg. Hr. Palmer aus Rom
Hr. Major von Germer.
Hr. Prof. Riemer nebst Frau und Hr.
Kotzebue. – Major von Beulwitz, sämtl
mittags zu Tische
Dieselben den Nachmittag zu Boston.
Desgl Abends zu Tische.

Sonntag, 7. Januar 1816

Christiane Goethes Ausgabenbuch: *Gäste zu Mittag 2 Taler 12 Groschen, Nachtisch 8 Groschen, Kaffee und Zucker 4 Groschen, Blum Butting 21 Groschen 1 Pfennig.*

Demoiselle Martin de Launnay, Prinzessinnengouvernante in Weimar.

Regierungsrat Herr von Gerstenberg und vermutlich der Gothaer Legationsrat Herr Palmer.

Germer möglicherweise Schreibfehler. Es könnten sein: Friedrich Ernst von Germar, sachsen-weimarischer Offizier, 1811 Obrist, oder Wilhelm Heinrich von Germar, sachsen-weimarischer Offizier und Kammerherr in Weimar.

Der Dramatiker August Kotzebue, in Weimar geboren, gehörte zu den meistgespielten Autoren am Weimarer Hoftheater. Allein in den Monaten Januar und Februar 1816 standen fünf seiner Stücke auf dem Spielplan. Die Lustspiele: »Die neue Frauenschule«, »Blind geladen«, das Schauspiel: »Die Stricknadeln oder: Der Weg zum Herzen« (es wurde am 12. Februar zusammen mit Goethes »Die Geschwister« gegeben) und das historische Schauspiel: »König Ottokar von Böhmen«.
Goethes Tagebuch vermerkt den Besuch des Dramatikers nicht. Möglicherweise handelt es sich um einen anderen Besucher aus der Familie Kotzebue.

Major von Beulwitz: Friedrich Wilhelm Ludwig von Beulwitz, Hofrat in Rudolstadt, oder: Heinrich Emil Friedrich von Beulwitz, Weimar, Offizier und Kammerherr.

8 Mondt. Erhard

Hauswirthschaft.
Mit Dlle. Engels spazieren gefahren.
Mittags für uns.
Dlle Kämpfer. Mme Kirscht.
Abends mit beyden im Theater.

Montag, 8. Januar 1816

Tagebuch Ernestine Engels:
Vormittag ging ich zur Riemer ... Von da zur Goethen,
wo ich frühstückte. Später kam Goethe herein, wir
aßen Weinschaum mit ihm. Er sprach über die Rolle in
Epimenides und ging bald wieder. Um halb 12 fuhr ich
mit ihr spazieren; sehr schöne Witterung.

Im von Goethe als Theaterdirektor geleiteten Weimarer
Hoftheater wurde die Aufführung seines Festspiels »Des
Epimenides Erwachen« vorbereitet. Auf Antrag von Iffland hatte Goethe das Friedensfestspiel »Des Epimenides Erwachen« für die Siegesfeier der Napoleongegner
anläßlich der Rückkehr Friedrich Wilhelms III. vom
Frankreichfeldzug nach Berlin ausgeführt. Die Urauf-
führung, geplant für Oktober 1814, in Berlin, verzögerte
sich bis zum März 1815. Die Weimarer Erstaufführung
sollte zu Ehren des Geburtstages der Herzogin Louise
stattfinden.
Ernestine Engels spielte in Goethes »Des Epimenides Erwachen« einen der Dämonen der List.

Tagebuch J. W. Goethe:
Mittag für uns. Redaction der Gedichte und anderes.
Goethe schrieb an diesem Tag das Divan-Gedicht
»Sprich! unter welchem Himmelszeichen« nieder.

Mme Kirscht: Nach der Heirat von Caroline Ulrich
1814 übernahm Madame Kirsch zeitweise das Amt einer Gesellschafterin bei Christiane Goethe. Sie begleitete sie im März 1815 zum Erholungsaufenthalt nach

Jena und im gleichen Jahr auf der Kurreise ins böhmische Karlsbad.

Laut Theaterzettel werden am 8. Januar drei Stücke hintereinander gespielt: *Leichtsinn und gutes Herz. Schauspiel in einem Aufzuge, von Hahnemann. Dann folgt: Zum Erstenmahle: Mehr Glück als Verstand. Lustspiel in einem Aufzuge von Karl Schall. Darauf: Die gefährliche Nachbarschaft. Lustspiel in einem Aufzuge.*

9 Dienst. Martialis

Allerley haeusl. Besorgungen.
Salzfleisch aufgehängt.
Große Waesche gebiegelt.
Fr L. Ch. Kämpfern spazierengefahren.
Mittags für uns.
Lorzing.
Abends Denys zur Whist'parthy.
Junge Genast. Dlle Engels.

Dienstag, 9. Januar 1816

Fr L. Ch. Kämpfern ist die Frau des Kammerdieners und Leibchirurgen Johann Gottfried Kämpfer. Christiane Goethe erwähnt sie bereits in einem Brief vom 6. 10. 1799: *Heute Nachmittag gehe ich zu der Kammerdiener Kämpfern.*

Tagebuch Ernestine Engels:
Zuletzt zur Goethen; sie war ausgefahren. Nach Tisch las ich. Später kam Lungershausen, blieb aber nicht lange, weil ich zur Goethen mußte, wo Denys und Eduard waren. Höchst ennuianter Abend, Whist gespielt.

Lorzing: Johann Friedrich Lortzing, Maler, Schauspieler. Ist 1805 nach Weimar gekommen. Im Briefwechsel zwischen Christiane und Goethe oftmals erwähnt.

Eduard Genast, Sohn des mit der Goethe-Familie verbundenen Schauspielers Anton Genast, übernahm bereits als Zwölfjähriger Rollen; von Goethe besonders geschätzt. Am 11. Januar 1816 schrieb Goethe an Kirms über den Zwanzigjährigen: *Da wir die schöne Stimme des Herrn Eduard Genast noch in Reserve haben: so sollten wir die Blätter nicht nur beybehalten, sondern dem Priester-Liede* (im Epimenides) *mehr Extension geben.*

10 *Mittw. Paul. Eins.*

Haeusl. Beschäftigungen u. Vorrichtungen
Hr. Unzelmann.
Dlle Engels.
Brief an Färber in Jena
Mittags für uns.
Die Wagen Reparaturen besprochen.
Das Paradies der Liebe.
Abends in der Comoedie.

Mittwoch, 10. Januar 1816

Karl August Unzelmann, Schauspieler. Trat als Sechzehnjähriger am 29. November 1802 erstmals in Weimar auf. Befreundet mit der Familie Goethe. Am 7. Dezember 1803 schreibt Christiane an Goethe nach Jena: *Unzelmann wollen wir den Sonntag auch mitbringen.*

Tagebuch Ernestine Engels:
Hauptprobe vom goldnen Löwen. Nach der Probe zur Goethen. Nach 12 fuhr ich mit ihr spazieren.

Bei dem *Brief an Färber* handelt es sich um eine Holzbestellung. Am 15. Januar schickt er eine Rechnung *Für Ihro Hochwohlgeborene der Frau Geheimen Räthin von Goethe, ist am 12 ten d. M. an Holzgeschlagen worden ein vürtel Klafter Fuhrlohn und Spaltlohn über einen Taler 10 Groschen 9 Pfennige.*
Johann Michael Christoph Färber, seit 1814 in der Nachfolge seines verstorbenen Bruders Schloßvogt in Jena, Museumsschreiber der Sammlungen und der Bibliothek. Schreiber Goethes. Der Brief ist nicht überliefert.

Paradies der Liebe: Christiane Goethes Lektüre des Buches von James Lawrence.

Laut Theaterzettel wurde gespielt: *Die neue Frauenschule. Lustspiel in drei Aufzügen, nach dem Französischen, von Kotzebue. Darauf: Zum goldenen Löwen, Singspiel in einem Aufzuge, Musik von Seyfried.*

11 *Donn. Hyginus*

Hauswirthschaftl Besorgungen.
Vorrichtungen zur Jenal. Parthie.
Fr. Prof. Musaeus.
Dr. Schnauß.
Mittags für uns.
Mit dem G. R. Kupfer angesehen.

Donnerstag, 11. Januar 1816

Christiane Goethes Ausgabenbuch: *Dem neuen Laufmädchen welches gemietet, draufgegeben 17 Groschen.*

Fr. Prof. Musaeus: Frau des Weimarer Schriftstellers
Musäus.

Tagebuch J. W. Goethe:
*Dr. Schnauß wegen des Ludecusschen Hauses. Mittag
für uns.*

Carl August Constantin Schnauß, Jurist in Weimar,
1816 Kammerkonsulent sowie Staats- und Lehnsfiskal.

Hauswirthschaftl. Bestimmungen und
Anordnungen während meiner
                              Abwesenheit
Ans Einpacken die letzte Hand gelegt.
Um 11 nache Jena, mit Dlle Kämpfer
und Dlle Angermann.
Bey Koetschau gab es einen
                              abentheurlichen
Unfall, dadurch, das ein Rad am Wagen
zerbrach und wir deswegen gegen
                              3 Stunden.
hierzubleiben genöthigt wurden; trotz
                              diesem unangenehmen
Aufenthalte
doch viel gelacht. Wir aßen Suppe
aufgebratene Wurst und Krautsalat.

[Rechte Seite:]
Wir kamen noch bey Zeiten in Jena an
blieben aber
den Abend zu Hause.

Freitag, 12. Januar 1816

Christiane Goethes Ausgabenbuch: *dem neuen Kutscher draufgegeben 1 Taler 10 Groschen, Porzellain Mahler Schmidt 1 Taler 17 Groschen, der neuen Köchin draufgegeben 22 Groschen 8 Pfennig.*

Tagebuch J. W. Goethe:
Meine Frau nach Jena.

Goethe gab seiner Frau Gedichte des *wunderlichen Luck* mit, schrieb dazu an Luise Knebel: *Meine Frau wird sie gegenwärtig überbringen, nehmen Sie sie freundlich auf.*

Tagebuch Ernestine Engels:
Die Goe(then) fuhr heut nach Jena.

Koetschau: Ausspanne, alter Gasthof, auf dem Scheitelpunkt der Hochfläche an der Chaussee zwischen Weimar und Jena gelegen. In früheren Jahren begleitete Christiane ihren Mann, wenn er zu Arbeitsaufenthalten nach Jena fuhr, bis Kötschau. Am 21. Februar 1797 schrieb sie ihm: ... *wie Du in Kötschau von uns weg warst, gingen mir raus und sahen auf dem Berg Deine Kutsche fahren, da fingen mir alle beide eins an zu heulen* ...

13 Sonnab. Hilarius

Besuche bey Voigts u. Seidlers.
Spaziergang um den Graben.
Mittags zu Hause.
Abends auf dem Ball, wo ich 6 Tänze
getanzt habe.

Sonnabend, 13. Januar 1816

Am 8. März 1815 schreibt Christiane Goethe an ihren Mann, daß *der Berg-Rath Voigt* ihn gern in Jena sehen würde, und am 10. März 1815: *Heute ..., war ich zu Voigts zum Thee gebeten, wo ich es wagte hin zu gehen. Und es ist mir recht wohl bekommen; ich nehme mich allenthalben sehr in Acht.*

Friedrich Siegmund Voigt, Bergrat und Direktor des Botanischen Gartens in Jena.
Susanne (oder Susette) Voigt, geb. von Lövenich, seine Frau.

Christiane Goethe verkehrte auch im Jenaer Haus der Seidlers, zu den Eltern der Malerin hatte sie Kontakt.

August Gottfried Ludwig Seidler, Vater der Malerin Luise Seidler. Akademischer Stallmeister in Jena. Christiane Goethe erwähnt ihn in ihren Briefen mehrfach als Ratgeber beim Pferdeverkauf.
Sophie Elise Seidler, geb. Kretschmar, Mutter der Malerin.

Tagebuch Ernestine Engels:
Egmont war, ich machte Stattistin nebst der Eberwein, Deny, Riemann und Beck.

14 Sonnt. 2 Epiph.

Besuche gemacht.
Bey Knebels zu Tische, wo das Kind
durch eine Fischgräte die im Halse
                              stekken
blieb bald umgekommen wäre.
                    Ich ward
dadurch so erschreckt worden, daß
                         ich bald
darauf nach Hause fuhr.
Meine Begleiterin im Concert
Bald zu Bette.

Sonntag, 14. Januar 1816

Das Ehepaar Karl Ludwig und Luise von Knebel.
Christiane Goethe hatte außer zu den Familien Seidler,
Voigt und Frommann zur Familie Knebel während ihrer
Jena-Aufenthalte einen besonders engen Kontakt.
Knebel ergriff während Christianes Krankheit 1815 für
sie Partei, indem er in einem Brief an Goethe die Verord-
nungen der Weimarer Ärzte kritisierte.

das Kind: der dreijährige Bernhard Knebel.

15 Mondt. Maurus

Früh Spazieren.
Mittags für uns.
Nachmittag M. R. Kieser.
Student Aulhorn.

Montag, 15. Januar 1816

Der Jenaer Arzt Dietrich Georg Kieser. Als zeitweiliger Verlobter der Haustochter Caroline Ulrich verkehrt er in der Goethe-Familie. 1815, während Christiane Goethes Aufenthalt in Jena, wurde sie u. a. von Dr. Kieser medizinisch betreut. Goethe am 27. Februar 1815 an diesen: *Meine Frau wird in diesen Tagen nach Jena gehen, da ihr eine Ortsveränderung und Zerstreuung sehr nöthig thut. Haben Sie die Güte, ihr einige Aufmerksamkeit zu schenken.*

16 Dienst. Marcellus

Nach Weimar zurück.
Mittags für uns –
Dlle ~~Riem~~ Müller. Fr.Pr. Riemer
Hr. Amtsadvoc. Büttner zum Boston.

Dienstag, 16. Januar 1816

Tagebuch J. W. Goethe:
Kamen die Frauenzimmer von Jena ... August in der Loge.
August Goethe trägt das Gedicht »Von Sängern hat man viel erzählt« vor, als Dank des Vaters für seine Aufnahme bei den Freimaurern.

Während das Tagebuch vom 2. Januar nur *Büttner* verzeichnet, wird er hier mit dem Titel genannt: *Herr Amtsadvoc.* Am 21. Februar 1816 wird ihm, laut »Weimarischem Wochenblatt« Nr. 19, *mittels Decrets* die *extraordinäre Hofadvocatur* verliehen.

17 Mittw. Anton

Wirthschaftl. Besorgungen.
Mittags für uns.
Abends im Theater: Adelheid v. Burgau.

Mittwoch, 17. Januar 1816

Tagebuch Ernestine Engels:
... in der Probe von Adelheid von Burgau. Nach der Probe zur Riemer, wo die Goethen und die Müller waren.

Laut Theaterzettel wurde im Hoftheater gegeben: *Adelheit Marggräfin von Burgau. Ritterspiel in vier Aufzügen, von M. Weißenthurn.*

Feyer des Friedensfestes.
In der Kirche.
Mittags Schnaußens zu Tisch und
                              Myliussens.
Vorbereitungen zum Ball.
Vereitlung wegen eingetret.
                    Unpäßlichkeit.

Donnerstag, 18. Januar 1816

Tagebuch Ernestine Engels:
*Donnerstag den 18. wurde das Friedensfest gefeiert.
Früh um 9 ging ich zur Wolff und wollte sie zur Kirche
abholen; sie ging aber nicht mit. In gleicher Absicht
zur Lortzing und Riemer, die auch nicht mit gingen ...
Nun allein in die Kirche ... Der Landsturm zog in Pro-
zession hinein, wie auch grün und weiß gekleidete Kinder. Der Großherzog, seine Gemahlin und die übrige
ganze Noblesse war auch in der Kirche. Der Superinten-
dent Vogt predigte etwas steif.*

Schnaußens: Familie des Weimarer Advokaten Schnauß,
der mit dem Ankauf eines Hauses für das Zeicheninstitut zu tun hat.

Johann Jakob Mylius, Kaufmann und Senator aus
Frankfurt am Main. Goethe empfiehlt am 16. Oktober
1808 Christiane, die sich in Frankfurt am Main aufhält:
*Seid aufmerksam gegen jedermann. Herrn Mylius ver-
nachlässiget nicht, ich halte viel auf ihn.*

19 Freyt. Marius

Hauswirthschaftl Besorgungen.
Mittags für uns.
Abends, Lorzings, Genast d. Jung. Dlle.
Engels. Hr. Deny.

Freitag, 19. Januar 1816

Tagebuch Ernestine Engels:
Früh um 9 zu Wolffs ... Nachher zur Goethen; sie war nicht wohl und nicht auf dem Balle gewesen.

Lorzings: Das Schauspielerehepaar Lortzing. Lortzing hatte 1809 die Schauspielerin Beata Auguste Emilie Elsermann, die zum engsten Freundinnenkreis von Christiane Goethe gehörte, geheiratet. Goethe schreibt am 14. Juli 1806 aus Karlsbad nach Lauchstädt: *Grüße die Brand und die Elsermann und sage ihnen, daß ich etwas für sie mitbringe.* Am 28. Mai 1809 erwähnt Christiane erstmals den Schauspieler Lortzing; mit der Heirat wird er in den Kreis der Schauspielerfreunde der Familie Goethe aufgenommen.

20 Sonnab. Fab. Seb.

Hauswirthschaft.
Mittags für uns.
Abends: m. d. G. R. in der Loge.
Der Wasserträger.

Sonnabend, 20. Januar 1816

Tagebuch J. W. Goethe:
Spazieren gefahren. Über Wissenschaft und Kunst. Mittag für uns ... Meyer. Wasserträger.

Laut Theaterzettel wurde gespielt: *Der Wasserträger.*
Oper in drei Aufzügen, nach dem Französischen, Musik
von Cherubini. Moltke sang den Graf Armand, Frau
Eberwein die Constanze.

Hauswirthschaft.
Mittag Riemers, ~~Passin~~.
Abends dieselben nebst Hrn. Passin
zum Spiel.

Sonntag, 21. Januar 1816

Tagebuch Ernestine Engels:
*Zur Goethen. Ich fuhr mit ihr spazieren, sie erzählte mir,
daß die Deny dem Sprung eine Austheilung vor die Füße
geworfen hätte. Der Geheimerath war sehr böse gewesen. Denys Geburtstag war heut, sie durfte nicht hin. –
– Nachtisch zu Wolff, dann mit ihm zum Geheimerath
in die Probe von Epimenides. Nachher einen Augenblick
zu ihr, wo die Riemer, der Kammerrath und Hofrath
Meyer waren.*

Hauswirthschaftl. Besorgungen.
Mein Bruder als Rath sich präsentirend.
und Biblioth.Secr. Kraeuter.
Mittags bey meinem Bruder zum
Geburtstage.
Bis zur Nacht daselbst geblieben.

Montag, 22. Januar 1816

Mein Bruder: Christian August Vulpius lebte als Schriftsteller und Bibliothekar in Weimar. Das »Weimarische Wochenblatt« Nummer 13 vom 13. Februar 1816 meldet unter der Rubrik »Beförderungen« u. a. *den Bibliothekar, D. Herrn Christian August Vulpius allhier, zum Rath.*

Kraeuter: Friedrich Theodor David Kräuter, seit 1814 Goethes Sekretär und Schreiber. Von Januar bis Mai 1816 diktierte ihm auch Christiane Goethe ihre Tagebucheintragungen. Er wurde von Goethe und Christiane gleichermaßen geschätzt. Goethe schreibt am 11. Juli 1815 an seine Frau: *Kräuter, höre ich, benimmt sich sehr gut, August lobt ihn. Es war nicht anders zu vermuthen. Solch ein Wesen ist mir höchst nöthig.* Am 19. Juli 1815 erwidert Christiane: *Daß Kräuter sich gut benehmen würde, habe ich gleich geglaubt, denn er hat mir auch viel Freundliches erzeigt.* Am 18. Mai 1816 schreibt sie ihrem Mann: ... *Kräuter, der mich am besten versteht und in meiner Correspondenz der Brauchbarste ist* ...

Hauswirthschaft.
Direct. Peucer zu Tisch.
Abends Spiel; Dlle Engels, Müller
u. Fr. Prof. Riemer.

Dienstag, 23. Januar 1816

Christiane Goethes Ausgabenbuch: *Mittags Peucer 16 Groschen.* Unter der Rubrik *Allerley: Leinwand 7 Taler 15 Groschen.*

Friedrich Peucer, Direktor des Oberkonsistoriums in Weimar.

Tagebuch J. W. Goethe:
Mittag Geheimer Regierungsrat Peucer, hauptsächlich wegen der Vorschule zum Zeichnen im Gymnasio.

Tagebuch Ernestine Engels:
Nach der Probe zur Goethen; die Riemer, Müller und Groß waren da.

24 Mittw. Thimoth.

Hauswirthschaftl Besorgungen.
Anfang der Trauer wegen der
Erbgroßherzogin Caroline v. Mecklen-
burg.
Mittag für uns.
Decret für meinen Mann als Staats-
minister.

Abends bey Riemers.

Mittwoch, 24. Januar 1816

Tagebuch J. W. Goethe:
Trauer-Anfang wegen der Erbgroßherzogin von Mecklenburg. Kein Schauspiel.

»Weimarisches Wochenblatt« vom 23. Januar 1816:
Trauer-Nachricht. Nachdem von dem Grosherzogl. Meklenburg-Schwerinischen Hof heute die höchsttraurige und schmerzliche Nachricht eingegangen, daß Ihro Königl. Hoheit, die Durchlauchtigste allgemein verehrte Erbgrosherzogin von Meklenburg-Schwerin, Frau Caroline Louise, gebohrne Herzogin zu Sachsen Weimar-Eisenach, des Russisch Kaiserl. St Catharinen Groskreuz Ordens Dame, am 20. dieses Monats, Mittags, nach einem mehrwöchentlichen Krankenlager zum großen Leidwesen der hohen Grosherzogl. Meklenburgischen Familie und dortiger gesammten Lande, höchstseelig entschlafen und aus der Zeit in die frohe Ewigkeit gegangen sey; Als hat dieser höchstbetrübte Hintritt zur gerechten Theilnahme an diesem schmerzlichen hohen Trauerfall, denen sämmtlichen Unterthanen der Grosherzogl. Lande hierdurch bekannt gemacht werden sollen.

Ernestine Engels notiert am Vortag in ihr Tagebuch:
... sie (Christiane Goethe) *sagte mir, unsere Prinzeß sei gestorben.*

Friedrich Ludwig Erbprinz von Mecklenburg-Schwerin hatte am 10. Juli 1810 die Tochter Carl Augusts und seiner Frau Luise, Caroline Luise, Prinzessin von Sachsen-Weimar-Eisenach, geheiratet.

Da man in der Goethe-Familie damit rechnet, daß Christiane an den Vermählungsfeierlichkeiten der Prinzessin teilnehmen würde, schreibt ihr Goethe am 29. März 1810: *Von Frankfurt laß Dir kommen, was für gut gehalten wird, daß Du bei den Vermählungsfeierlichkeiten, inwiefern Du dazugezogen wirst, anständig erscheinen kannst.* Christiane antwortet ihm am 24. Mai: *Da bitte ich Dich, wenn es möglich ist, mir einen Wiener Shawl zu schicken, damit ich ihn noch zur Vermählung hätte.* Am 3. Juli teilt sie ihrem Mann dann mit: *Die Trauung ist schon am 1. Juli vollzogen worden; ich ... erfuhr, daß von Damen niemand zu dieser Feierlichkeit eingeladen würde als die, welche an Hof präsentirt wären ...*

Decret: Im Ergebnis des Wiener Kongresses war das Weimarer Herzogtum Großherzogtum geworden, Carl August trug den Titel einer Königlichen Hoheit. Goethe verlor Sitz und Stimme im Staatsministerium (der Nachfolgeeinrichtung des Geheimen Conseils), erhielt aber den Titel eines Staatsministers (auf herzoglichen Befehl hatte er sich sein Amt mit Minister Voigt zu teilen). Zeitüblich stand der Ehefrau der Titel gleichfalls zu. Das Ausgabenbuch der Familie Goethe, zu der Zeit vornehmlich von August Goethe geführt, notiert von diesem Zeitpunkt an Christiane Goethe als *Frau Staatsministerin.*

25 Donn. Pauli Bek.

Hauswirthschaftl Besorgungen.
Spazierfahrt.
Mittags für uns.
Nach Belvedere.
Abends mit dem Geh. Rath allein.

Donnerstag, 25. Januar 1816

Christiane Goethes Ausgabenbuch: *Nachtwächter 2 Taler 8 Pfennige, Laternengeld 5 Taler 7 Groschen, Zwirn 10 Groschen, Waizen 7 Taler.*

Tagebuch Ernestine Engels:
Nachmittag: Ich ging zur Goethen; sie war mit der Riemer, Vulpius und Müller in Belvedere.

26 Freyt. Polycarp.

Hauswirthschaftl Geschäfte.
Mittag für uns.
Nach Mittag zum Geburtstag
                              bey meiner
Schwägerin
Schreckhafte Nachricht von deren
                              Verwandten:
Thon aus Zillbach.
Abends allein

Freitag, 26. Januar 1816

Tagebuch Ernestine Engels:
*Früh bei Wolffs. Die Wolff erzählte mir schändlichkeiten
von K(irms?). Nachher zur Goethen; ich sagte ihr die
Sachen, sie wollte aber nichts damit zu thun haben.
Wir gingen zusammen zur Riemer.*

Tagebuch J. W. Goethe:
Mittags für uns. Ganze Probe vom Epimenides.

27 Sonnab. Chrysosth.

Wirthschafts Sachen.
Mittags für uns.
Abends in den Mitschuldigen u. der
Verräther.

Sonnabend, 27. Januar 1816

Tagebuch Ernestine Engels:
*... in die Probe ... Nachher zur Goethen; sie fuhr mit
ihm spazieren.*

Laut Theaterzettel wurde gespielt: *Die Mitschuldigen.
Lustspiel in einem Aufzuge, von Goethe. Darauf: Der
Verräther. Lustspiel in einem Aufzuge, von Holbein.*

28 Sonnt. 4 Epiph.

Wirthschaftl. Besorgungen.
Spazierengefahren.
Mittags. Kreutern zu Tisch.
Bey Schopenhauers zum Thee.

Sonntag, 28. Januar 1816

Tagebuch J. W. Goethe:
Mittags Kräuter zu Tisch.

Schopenhauers: Die Schriftstellerin Johanna Schopenhauer lebt seit 1806 mit ihrer Tochter Adele in Weimar. Am 20. Oktober 1806 führt Goethe Christiane als seine Gattin in ihren literarisch-musikalischen Salon ein. Johanna Schopenhauer schreibt: *Ich denke, wenn Goethe ihr seinen Namen gibt, können wir ihr wohl eine Tasse Tee geben.*

29 Mondt. Valerius

Hauswirthschaftl. Besorgungen.
Mittags Gaeste: Direct. Schadow und
                                        Cap. Mr.
Weber aus Berlin, Geh. Hofr Kirms,
                                        Cammerrath
Kruse, Hofrath Meyer, Cap.Mr. Müller.
                                        Prof.
Riemer, Hrr. Genast.
Abends nicht wohl.

Montag, 29. Januar 1816

Tagebuch J. W. Goethe:
Bey (...) der Großherzogin zum Vorglückwunsche...
Bey(m) ... Großherzog. Auftrag wegen der Rede zur Or-
densfeyer. Mittag die Berliner und andere Freunde.
Blieb(...) Meyer und wurde der Inhalt der Rede bespro-
chen.

Tagebuch Ernestine Engels:
(Mittags:) Ich ging zur Goethen; sie war nicht wohl. Sie
hatten große Tischgesellschaft, den Berliner(n) Weber
und Schadow zu ehren.

Christiane Goethes Tischgesellschaft stand in Zusammenhang mit der Vorbereitung der Epimenides-Auffüh-
rung. Der Komponist und Kapellmeister Weber aus
Berlin hatte die Musik für das Stück komponiert, der
Weimarer Kapellmeister Müller wird die Aufführung di-
rigieren, Hofrat Kirms und Kammerrat Kruse gehören
der Theaterintendanz an, Anton Genast ist als Schauspieler und Regisseur einbezogen, Riemer hat bei der
Entstehung des Stückes mitgearbeitet.

Christiane an Goethe am 15. Juli 1810 aus Lauchstädt:
Gestern ist der Capellmeister Müller von Weimar hier
angekommen ... er hat mir aufgetragen ... Dir zu schrei-
ben, das künftigen Winter sein einziges Bestreben nur
sein sollte ... auch wegen unserer kleinen Singakademie
alles Mögliche dazu beizutragen, das es Dich auch er-
freuen sollte.

Der Bildhauer Johann Gottfried Schadow kommt von Berlin, um mit Goethe die Gestaltung des Blücher-Denkmals zu besprechen, das die Mecklenburgischen Stände dem Helden von Waterloo in seiner Heimatstadt Rostock setzen wollten; Goethe war um Mitarbeit bei der künstlerischen Gestaltung gebeten worden, Schadow hatte den Auftrag zur Ausführung bekommen. Zugleich nimmt Schadow während seines fast vierzehntägigen Aufenthaltes in Weimar das Wachsprofil von Goethe, nach welchem er die Goethe-Medaille von 1816 fertigt.

Johann Heinrich Meyer ist Maler, Kunsthistoriker und Direktor der Zeichenschule in Weimar, Berater Goethes. Er lebt von 1791 bis 1803 in der Familie Goethe. Im Frühjahr 1792 hat er Christiane gemalt.

Anton Genast, Schauspieler und Regisseur in Weimar von 1791 – 1817. Im Briefwechsel zwischen Christiane und Goethe kommt er oft vor, beide schätzen ihn, nicht nur in Theaterfragen. Goethe legt seinen Briefen an Genast zuweilen Briefe an Christiane bei, Genast berät Christiane auch in Goethes Abwesenheit, z. B. in Fragen des Erwerbs des Treuterschen Hauses. Am 31. Mai 1815 schreibt Christiane an Goethe ... *die Treutern ist sehr krank ... oder gäbst geradezu Genasten den Auftrag, wie Du es fürs zweckmäßigste hältst; denn es sind schon einige Liebhaber da, und meinen Gedanken nach dürfte es uns hier auf einige hundert Thaler nicht ankommen.*

30 Dienstag Adelgunda

Hauswirtschaftl Besorgungen.
Mittags für uns.
Abends Lorzings.

Dienstag, 30. Januar 1816

Tagebuch J. W. Goethe:
Rede zur Ordensfeyer. Gegen 11 Uhr Austheilung auf dem Schlosse.
Goethe erhielt an dem Tag das OrdensGroskreuz des Ritterordens der Wachsamkeit oder vom weißen Falken. Es war *der einzige Großherzogl. Sachsen-Weimarische Orden.* Er wurde in drei Klassen verliehen.

Das »Weimarische Wochenblatt« Nr. 11 vom 6. Februar 1816 meldet: *Tagesfeier. Am vorigen Dienstag, den 30. Januar, hatte unsere verehrteste Frau Grosherzogin, Königl. Hoheit, Ihren Geburtstag, in höchsterfreulichem Wohlseyn erlebt. Wegen eingefallener Trauer des Grosherzogl. Hauses fanden die gewöhnlichen Hoffeste diesmal nicht statt; eine andere wichtige Feier bezeichnete indessen glänzend den Tag. Sr. Königl. Hoheit der Grosherzog bestimmte ihn zu einer öffentlichen Staatshandlung, zur Weihe des erneuerten Ritterordens der Wachsamkeit, oder zum Weißen Falken, und bemerkte durch dessen Vertheilung an mehrere Personen das wohlgefällige Verdienst um Fürst und Land. Es erhielten nemlich:*
Das Ordens Groskreuz
Herr Staatsminister von Goethe, Excellenz,
Herr Staatsminister Freiherr von Fritsch, Excellenz,
Herr Staatsminister und Kammerpräsident Freiherr von Gersdorff, Excellenz,
Herr General-Major von Egloffstein.
Weiterhin wurde die Verleihung von 4 *Comthur-Kreuzen* und 24 *Ritterkreuzen* bekannt gegeben.

31 Mittw. Virgilius

Hauswirthschaftl Besorgungen.
Spazieren gefahren mit dem Geh. R.
Mittags für uns.
Dll Kaempfer und Angermann.
Abends im Bergsturz.

Mittwoch, 31. Januar 1816

Tagebuch J. W. Goethe:
Abermalige Abschrift der Rede bey Gelegenheit der Ordensfeyer ... Spazieren gefahren. Mittag für uns ... Um 7 Uhr bey Serenissimo.

Goethe schrieb an diesem Tag das Divan-Gedicht »Bist von deiner Geliebten getrennt« nieder.

Christiane hat das Singspiel bereits am 6. Januar gesehen.

Febrvarivs.
1 Donn. Brigitte

Hauswirthschaftl Besorgungen.
Brief an Ramann in Erfurt wegen
Chambagner.
Spazieren gefahren.
Mittags für uns.
Die Engels, Dlle Müller Fr. P. Riemer.

Donnerstag, 1. Februar 1816

Christian Heinrich Ramann, Weinhändler in Erfurt, seit vielen Jahren Hauptlieferant für den Weinkeller der Familie Goethe. Am 1. Oktober 1800 schrieb Christiane Goethe an ihren Mann: *Soeben ist der Herr Ramann von Erfurt bei mir gewesen und hat mir gesagt, daß er itzo ganz vortreffliche Weine habe.*

Tagebuch J. W. Goethe:
Spazieren gefahren. Mittag für uns.

Tagebuch Ernestine Engels:
Früh zur Goethen. Der Kammerrath kam herunter; kurzes Gespräch. Nachher mit ihr im Park spazieren. . . . zur Probe von Epimenides. Nach der Probe zur Goethen. Die Riemer und Müller waren dort. Boston. Großen Aerger mit der Goethen über die Köchin.

2 *Freyt. Mar. R.*

Wirthschaftl. Einrichtungen.
Spazierengefahren.
Mittag für uns.
Paradies der Liebe

Freitag, 2. Februar 1816

Tagebuch J. W. Goethe:
Mittag für uns. 4 Uhr Probe Epimenides. Tableaux bey Mettingh.

G. Schadow in »Kunst-Werke und Kunst-Ansichten«:
An demselben Tage war bei Herrn v. Mettingh der festliche Abend, an welchem die Zelebritäten Weimars und das Personale des ganzen Hofes sich einfand.

Wirthschaftl Gedanken.
Spazieren gefahren.
Graefin Marschall und D. Schadow.
Mittag Bade Inspector.
Waesche ausgesucht.
Vier Kutschen Studenten zur Comödie
                    im Schwan.
Abends Don Carlos.

Sonnabend, 3. Februar 1816

Graefin Marschall: Frau des Grafen Karl Wilhelm Marschall, badischer Minister.

Tagebuch J. W. Goethe:
Direktor Schadow wegen Basreliefs ... Gräfin Marschall. Mittag Badeinspektor von Berka ... Späterhin mit August Hof- und Stadtgeschichten.

Laut Theaterzettel wurde gespielt: *Don Carlos, Infant von Spanien. Ein Trauerspiel in fünf Aufzügen von Schiller.* Herr Oels spielte den Don Carlos, Herr Deny den Herzog von Alba, Frau Wolff die Prinzessin Eboli, Ernestine Engels die Oberhofmeisterin Herzogin von Olivarez.

Es ist wie in den siebziger Jahren, als Christianes Bruder in Jena studierte und die Studenten zu Schiller-Aufführungen *Räuberfahrten* veranstalteten. Auch jetzt kommen sie von Jena herüber, trinken, übernachten im Gasthaus zum »Weißen Schwan« am Frauenplan.

4 Sonnt. 5 Epiph.

Hauswirthschaftl. Beschäftigungen.
Spazieren gefahren
Mittag Schadow, Meyer, Riemer.
Fahrt nach Belvedere mit Fr. R.
Vulpius und Fr. P. Riemer.
Amusement daselbst.
Abend mit selbigen Spiel

Sonntag, 4. Februar 1816

Tagebuch J. W. Goethe:
Spazieren gefahren.

G. Schadow in »Kunst-Werke und Kunst-Ansichten«:
Mittags gab Herr v. Goethe eine wohlbesetzte Tafel.
Diesmal war seine Gattin zugegen, er selbst war guten
Humors ...

5 Mondt. Agatha

Hauswirthschaftl. Gedanken.
Professor Sturm
Mittags für uns.
Abends im Theater, die Schach-
                    maschine.

Montag, 5. Februar 1816

Professor Sturm aus Jena. Christiane Goethe war mit der Familie befreundet. Am 6. Dezember 1812 schreibt Christiane aus Jena: *Der Ball war sehr brillant, heute haben Sturms ... und mehrere eine Partie nach Zwätzen arrangirt, wo wir auch wieder bis jetzt getanzt haben.*

Tagebuch J. W. Goethe:
Mittag für uns ... Die Schachmaschiene.

Laut Theaterzettel wurde gespielt: *Die Schachmaschine. Lustspiel in vier Aufzügen, von Beck.*

6 Dienst. Dorothea

Hauswirthschaftl. Gedanken.

Dienstag, 6. Februar 1816

Im »Weimarischen Wochenblatt« Nr. 11 vom 6. Februar 1816 gab die *Direction* des *Frauen-Vereins* Weimar bekannt: *Die Arbeitsschule des Frauenvereins zu Weimar, wird von 40 Schülerinnen, die zu Ulrichshalben von 30 Mädchen, worunter 7 von Osmannstedt und 3 von Denstedt sind, und die zu Schwerstedt von 20 Schülerinnen besucht. In der zu Ulrichshalben hat die Frau Pastorin Geisenheiner, in der zu Schwerstedt hat die Frau Pastorin Wuttich den Unterricht der Kinder mit größter Thätigkeit übernommen; in der zu Magdala entstehenden Schule wird die Frau Adjunct Göring sich der Aufsicht gütigst unterziehen.*

7 Mittw. Reichard

Wirthschaftl Sorgen.
Mittags Voigts von Jena
BadeInspector v. Berka.
Professorin Sturm von Jena.
Abends im Epimenides der sehr
gut ging.

Mittwoch, 7. Februar 1816

Tagebuch J. W. Goethe:
*Mittag Bergrat Voigt nebst Frau und Badeinspektor von
Berka. Demoiselle Seidler von Jena. Der Badeinspektor
Clavier gespielt. Vorstellung Des Epimenides.*

Laut Theaterzettel: *Epimenides Erwachen. Festspiel in
zwei Aufzügen, von Goethe. Musik von Kapellmeister
Weber.*

8 Donn. Salomon

Wirthschaftl Beschäftigungen
Allein Spazieren gefahren.
Mittag für uns.
Mad. Wieland und Tochter.
Abends: Passin, Dlle Müller,
Genast zum Spiel.

Donnerstag, 8. Februar 1816

Mad. Wieland und Tochter: Die Schauspielerin Wieland und ihre Pflegetochter Demoiselle Bervisson, ebenfalls Schauspielerin. Am 28. Februar gibt sie ihr Debüt, sie spielt die Rolle der Elsbeth in »Der Graf von Burgund«.

Hauswirthschaftl Besorgungen.
Schlitten gefahren
Mittag für uns.
Mit Dlle Müller Schlitten gefahren.
Fr. R. Vulpius. Dlle. Müller.
                    Hr. A.Advocat.
Büttner.

Freitag, 9. Februar 1816

Christiane Goethes Ausgabenbuch: *Nachthemden zu machen 21 Groschen, der kleinen Knitteln für ein Näh-körbchen 22 Groschen 8 Pfennige, Brodbackenlohn 11 Groschen 4 Pfennige.*

Tagebuch J. W. Goethe:
Mittags für uns. Mit August verschiedene Verhältnisse.

»Weimarisches Wochenblatt« Nr. 9 vom 2. Februar 1816: *Redoutenanzeige: Auf den 9 ten, 16 ten und 27 sten Februar dieses Jahres, soll zur Feier einiger für uns alle so herrlichen Tage, Redoute auf allhiesigem Stadthaussaal gehalten werden.*
Zur Erhaltung des nothwendigen Anstandes dieser Re-douten werden jedoch folgende unerläßliche Bedingun-gen bekannt gemacht:
1) Allen Domestiquen jeder Art wird der Zutritt auf das nachdrücklichste untersagt.
2) Auch Personen, welche mit den Domestiquen in glei-cher Beziehung stehen können unter keinerlei Vorwand an diesen Redouten Antheil nehmen.
3) In Stiefeln zu tanzen wird schlechterdings verboten. Selbst den Charaktermasken, die das Tragen der Stiefeln erfordern, wird der Tanz untersagt. Um diese Bedingun-gen aufrecht zu erhalten, welche zeither so wenig beach-tet worden, daß sie zur höchsten Anstösigkeit der gebil-deten Stände gereicht, ja solche fast gänzlich verdrängt haben, ist eine Rathscommission ernannt und solche be-auftragt worden, am Abend der Redoute anwesend zu seyn, um alle diejenigen, welche sich zur Theilnahme

an derselben nicht qualificiren, entweder sogleich beim Eintritt oder aus dem Saal zurück zu weisen. *Der Stadt-Rath das. Bernhardt Kuhn.*

Im »Weimarischen Wochenblatt« Nr. 18 vom 1. März 1816 rückt ein Herr Carl Elchlep folgende *Berichtigung* ein: *Da ich allenthalben hören muß, daß ich am 16. Fbr. auf der Redoute als Nonne maskirt, von einem angesehenen Herren sehr liebreich behandelt und tractiret worden wäre, so muß ich hierdurch öffentlich bekennen, daß ich weder als Nonne, noch überhaupt auf dieser Redoute zugegen gewesen bin. Dieses Bekenntniß bin ich mir besonders deswegen schuldig, weil diese Nonne unmenschlich getrunken haben soll, und ich folglich in den Verdacht gerathen könnte, als habe ich auf Kosten eines andern eine dergleichen Unschicklichkeit mir zu Schulden kommen lassen können.*

Zu den Tanzvergnügungen trafen sich Adel und Bürgertum ungezwungen – im Herbst unregelmäßig, zwischen Weihnachten und Aschermittwoch im vierzehntägigen Turnus – im »Weimarischen Comödien- und Redoutenhaus«.

10 Sonnab. Scholast.

Hauswirthschaftl Anordnungen.
Mit Moltke und Fr. Pr. Riemer
im Park Spazieren gegangen.
Mittag für uns.
Mit Dlle Kämpfer Schlitten gefahren
Abends im Epimenides.

Sonnabend, 10. Februar 1816

Der Opernsänger Moltke, seit 1809 in Weimar.
Christiane Goethe schreibt am 24. Mai 1810 an ihren
Mann nach Karlsbad: *Heute wird durch folgende Thea-
ter-Sänger eine Messe bei der Frau von Heygendorf auf-
geführt, welche der neue Capellmeister dirigirt, nämlich
Herr Moltke...*

Goethes »Des Epimenides Erwachen« wurde in der gleichen Besetzung wie am 7. Februar gespielt.

Knebel an Charlotte Schiller am 16. Februar 1816 über
»Des Epimenides Erwachen«: *Sie sehen mit wohlgefäl-
ligen Augen und hören auch so. Andere waren nicht so
zufrieden. Die Musik wollte ihnen nicht recht ans Herz
gehen...*

11 Sonnt. Septuag.

Wirthschaftl Sorgen.
Spazieren gefahren.
Mittags für uns
Abends Spielgesellschaft, Lorzings
und Genast jun.

Sonntag, 11. Februar 1816

Tagebuch J. W. Goethe:
Schauspieler Wolff. Entoptische Versuche mit dem Glimmerplättchen. Mittag für uns. Fortgesetzte Versuche. Madame Lortzing. Kunst und Alterthum 10. Bogen.

Hauswirthschaftl Besorgungen.
Spazieren gefahren.
Mittags für uns.
Schlitten gefahren
Abends in Geschwistern u. Strick-
nadeln.

Montag, 12. Februar 1816

Christiane Goethes Ausgabenbuch: *Weinfracht 1 Taler 4 Groschen.*

Laut Theaterzettel: *Die Geschwister. Schauspiel in einem Aufzuge, von Goethe. Darauf: Die Stricknadeln oder: Der Weg zum Herzen. Schauspiel in vier Aufzügen, von Kotzebue.*
In Goethes »Die Geschwister« spielte Herr Oels den Wilhelm, Frau Lortzing die Marianne, Herr Lortzing den Fabrice.

13 Dienst. Kastor

Hauswirthschaftl Sorgen.
Mit dem Geh. Rath Schlitten gefahren.
und die Blankenhaynl Schnitzwerke
                                    besehen.
Mittag für uns.
Mit der Fr. Räthin Schlitten gefahren.
Abends Spielgesellschaft, Mad. Vulpius
Dlle Müller u. A. A. Büttner.

Dienstag, 13. Februar 1816

Blankenhaynl: Blankenhain, Ort im Thüringer Wald, in der Nähe von Bad Berka. Der Berkaer Badeinspektor und Organist Schütz hat Goethe 1815 auf mittelalterliche Schnitzwerke aufmerksam gemacht, die man auf einem Strohlager im Blankenhainer Schloß entdeckt hatte. Goethe, der 1814 in Heidelberg von den Boisseréeschen Sammlungen mittelalterlicher Kunst beeindruckt war, schlägt Herzog Carl August vor, mit den Blankenhainer Schnitzwerken die Kapelle auf der Wartburg zu schmükken. Der Plan kommt nicht zur Ausführung.

Die Schnitzwerke waren von Blankenhain, das nach dem Wiener Kongreß an Sachsen-Weimar gefallen war, nach Weimar gebracht worden, um sie zu restaurieren. Goethe schrieb am 21. Dezember 1815 an Boisserée: *... daß wir alte kirchliche Schnitzbilder in einem unserer akquirierten Landstädtchen entdeckt haben, in Ställe und alte Gewölbe verstoßen, doch leidlich erhalten. Von sehr großem Maßstab, bis sechs Fuß Höhe und acht Fuß Breite, beinah ganz erhabne Figuren, gemalt und geschmückt, auf Goldgrund aufgeschraubt und genagelt.*

Wirthschaftl. Beschaeftigungen
Spazieren gefahren.
Mittag für uns.
Abends: die Geschwister u. Strick-
nadeln.

Mittwoch, 14. Februar 1816

Tagebuch J. W. Goethe:
Spazieren gefahren. Mittag für uns.

Tagebuch Ernestine Engels:
Früh um 10 Probe von der Lästerschule.

Im Hoftheater wurde laut Theaterzettel *Die Läster-*
schule. Lustspiel in fünf Aufzügen, von Schröder gespielt. Offensichtlich irrtümliche Eintragung der bereits
am 12. Februar gesehenen Stücke.

Wirthschaftl. Gedanken.
Spazieren gefahren. Mittag für uns.
Abends: Spielgesellschaft.

Donnerstag, 15. Februar 1816

Christiane Goethes Ausgabenbuch: *Schnaps den Dün-geraustägern 2 Groschen.*

Spazierfahrten unternimmt Christiane außer mit Goethe häufig mit Freundinnen. Der abendliche Spieltisch dage-gen vereint Männer und Frauen.

16 Freyt. Juliana

Krank und dem ganzen Tag
über im Bett gehütet.

Freitag, 16. Februar 1816

Christiane Goethes Ausgabenbuch vermerkt unter der
Rubrik *Allerley: der neuen Kammerjungfer 22 Groschen 8 Pfennige.*

17 Sonnab. Constantin

Früh noch krank aber außer
dem Bett.
Mittag für uns.
Abends Spielgesellschaft.

Sonnabend, 17. Februar 1816

Tagebuch J. W. Goethe:
*Mittag für uns ... Meyer, sodann Riemer. Anordnung
wegen der Landstände im Wochenblatt.*

18 Sonnt. Sexages.

Wirthschaftl. Rechnung.
Canzleyrath Vogel die Abtretungsacte
*   welche*
nach Berlin geschickt werden soll
*   vorgezeigt.*
Mittags Riemers zu Tisch.
Nach Tische Transparents gesehn zu
Hans Sachs.
Abends bey Lorzings

Sonntag, 18. Februar 1816

Christiane Goethes Ausgabenbuch vermerkt an diesem Tag: *für Gäste 20 Groschen, Nachtisch und Kaffee 16 Groschen.* Zu Mittag gibt es offenbar einen *Frischling*, der am Vortag für 2 Taler 3 Groschen gekauft wird; der 18. 2. vermerkt noch *8 Groschen* für *Zuthaten zu dem Kopf des Frischlings.*

Vogel, Kanzleibeamter in Weimar, arbeitete für Goethe. Christiane Goethe schreibt am 11. Juli 1810 an Goethe: *Du wirst auch nun einen Brief von mir durch Vogeln bekommen haben, welcher mir sagte, daß er Dir ihn gleich von Dresden aus schicken wollte.*

Tagebuch J. W. Goethe:
Vogel wegen des Adreß Calenders und Berliner Documents. Mittag Riemers. Nach Tische entoptische Farben. (...) Meyer, alte Malerschule.

Transparents: Sechs Transparent-Bilder, die Momente aus Goethes »Hans Sachsens poetische Sendung« vorstellten. Nach Goethes Tagebuch vom 2. 2.: *Tableaux bey Mettingh,* waren sie am 2. Februar in Weimar vorgestellt worden. Schadow schrieb: *Ein kleines Theater war erbaut, und in den Tableaux vivants war es die schöne Frau vom Hause, welche am mehrsten Bewunderung erregte. Hofrat Meyer hatte die Kostüme mit Einsicht gewählt (...) Dazwischen kamen vor die sechs Transparent- Bilder: Momente aus Hans Sachs' Sendung vorstellend, während der Text deklamiert wurde.*

Tagebuch Ernestine Engels:

... zur Goethen und zur Unzelmann. Bei der Goethen kam Unzelmann, Eduard und die Bervisson mit einer Rolle zum Geheimrath ... Bei Lortzings spielten wir, die Riemer und ich moitié. Auf den Abend mit der Goethen nach Hause gefahren.

19 Mondt. Gabinus

Hauswirthschaftl. Besorgungen.
Spazieren gefahren.
Mittags für uns.
Schlitten gefahren mit Riemers.
Abends: er mengt sich in alles

Montag, 19. Februar 1816

Tagebuch J. W. Goethe:
Für uns zu Mittag ... Abends: Er mischt sich in alles.

Gemeinsamer Theaterbesuch Christianes und Goethes.
Auf dem Spielplan stand: *Er mischt sich in alles. Lust-*
spiel in fünf Aufzügen, von Jünger. Es spielten die Ehepaare Lortzing, Unzelmann und Wolff.

20 Dienst. Eucharius

Wirthschaftl. Besorgungen.
Dlle Engels sehr vergnügt, weil sie ihre
Pensionnairin losgeworden
Spazieren gefahren.
Mittags für uns.
Abends Riemers Dlles Müller und
Engels.

Dienstag, 20. Februar 1816

Tagebuch Ernestine Engels:
Nachher kam die Schwabhäuser. Ich bezahlte ihr die Miethe für die Meubels und das Bett und kaufte Kanape, Stühle und Spiegel für 55 Thaler, welches ich ihr auch gleich bezahlte … Dann zur Probe. Die Bervisson spielte die Rolle der Agnes in Rudolf von Habsburg; es wurden nur ihre Scenen probirt. Nach der Probe ging ich zur Goethen. Die Riemer und Müller waren dort, auch der Kammerrath ging ab und zu. Wir spielten Boston …

Tagebuch J. W. Goethe:
Abends bey der Großherzogin. Vorlesung des Divans.

Charlotte Schiller am 25. Februar 1816 an Knebel: *Am Dienstag hat uns Goethe bei der Großfürstin persische Gedichte vorgelesen, die persische Wendungen und Gegenstände haben, aber den Geist des einzigen Dichters wohl bezeichnen! Ich fühle wohl, wie es zuweilen der Phantasie wohltun kann, ganz fremdartige Motive wie Bilder aufzusuchen, um sich wieder zu beleben und Fremdartiges belebend zu erschaffen, wenn in der umgebenden Welt und ihren Bedingungen der Stoff nicht immer anspricht.*

Charlotte von Stein am 21. Februar 1816 an Knebel: *Gestern las uns Goethe bei der Herzogin persische Gedichte … Auf das Geringste, was man nicht ganz in seiner Vorstellung sagt, hat man einen Hieb weg … Als wenn ich ein Mädchen von zehn Jahren wäre!*

21 *Mittw. Eleonora*

Hauswirthschaftl. Besorgungen.
Spazieren gefahren.
Mittag für uns.
Direct. Peucer, mein Hr. Gevatter sich
praesentirt.
Abends Rudolph v. Habsburg worin
                                    Mlle.
Bervison in der Agnes mit viel Beyfall
                                    zum
erstenmal aufgetreten.

Mittwoch, 21. Februar 1816

Nach Goethes Tagebuch eine gemeinsame Spazierfahrt.

Laut Theaterzettel wurde im Hoftheater *Rudolf von Habsburg, und König Ottokar von Böhmen. Historisches Schauspiel in sechs Aufzügen, von Kotzebue* gegeben.

Tagebuch J. W. Goethe:
Abends im Rudolph von Habsburg. Demoiselle Bervisson als Agnes.

Tagebuch Ernestine Engels:
Die Bervisson spielte zum ersten mal, gefiel sehr.

22 *Donn. Petr. Stlf.*

Hauswirthschaftl Gedanken.
Spazieren gefahren.
Riemers zu Tisch.
Abends Spielgesellschaft.

Donnerstag, 22. Februar 1816

Christiane Goethes Ausgabenbuch vermerkt unter der Rubrik *Gäste: Gäste 20 Groschen. Nachtisch und Kaffee 12 Groschen, Spinnerlohn 12 Groschen.* Außerdem bezahlt sie an diesem Tag *5 Taler und 12 Groschen* an Arbeitslohn für die *Züchtlinge*, die sie in der Zeit vom 26. Januar bis 21. Februar beschäftigt. Am 30. Januar z. B. arbeiten *6 Männer 2 Weiber* einen halben Tag für *19 Groschen* bei ihr, am 9. Februar *16 Männer und 3 Weiber* für *1 Taler und 22 Groschen.*

Tagebuch J. W. Goethe:
Spazieren gefahren nach Belvedere zu. Mittags Riemers zu Tisch. Mit Riemer Literarisches. Bey Staatsminister von Voigt.

Charlotte von Schiller am 25. Februar 1816 an Knebel:
Übrigens ist Goethe heiter und gesellig, und vorigen Donnerstag war er bei Geheimerat von Voigt den Abend von der besten Laune.

Hauswirthschaftl. Anordnungen
Nicht ganz wohl.
Mittag für uns.
Abends allein und wegen Unbäßlichkeit
bald zu Bette.

Freitag, 23. Februar 1816

Anzeige im »Weimarischen Wochenblatt« Nr. 16 vom
23. Februar 1816: *Bester Jamaicarum, frische Punsches-*
senz, Mallaga Citronen und Sago, sind billig zu haben
bei Joh. Friedr. Martini am Bornberge.
Frisch angekommen und zu haben sind fetter Schweizer-
und holländischer Käse, saftige Citronen, vorzüglich
gute Sardellen und Bricken bei W. Häublein.

24 Sonnab. Schalttag

Hauswirthschaftl Verrichtungen.
Spazieren gefahren
Mittag der BadeInspector.
Abends im Theater. Hr. Teuschers
Machwerk: das LiebhaberConcert von
Eberwein componirt.

Sonnabend, 24. Februar 1816

Das Ausgabenbuch vermerkt: *Fasan 1 Taler,* offenbar für die Mittagsgäste des folgenden Tages, für die ebenfalls *1 Taler* verzeichnet ist.

Im Hoftheater wurde laut Theaterzettel gespielt: *Pflicht um Pflicht, oder: Die großmüthigen Freunde. Schauspiel in einem Aufzuge, von A. Wolff. Hierauf: Zum Erstenmahle: Das Liebhaberconzert. Singspiel in einem Aufzuge, Musik von dem Hofmusikus Carl Eberwein.*

Tagebuch Ernestine Engels:
... zur Goethen. Sie erzählte mir eine Geschichte von Eberwein und Moltke, worüber Goethe fürchterlich aufgebracht war, den Epimenides betreffend.
Nach den Vorstellungen vom 7. und 10. Februar erlebt das Festspiel keine weitere Aufführung, da es Widerstand von seiten der Musiker gibt. Goethe am 18. Februar 1816 an die Hoftheaterkommission: *... indem ich, von vielen Seiten, hören muß, daß Glieder der Kapelle, im höchsten Grad der Unverschämtheit, gegen des Epimenides Erwachen und dessen Musik leidenschaftlich auftreten ... so hängt es in der Zukunft von solchen sinnlosen Menschen ab, ein, mit so vielem Bedacht, Sorgfalt, Mühe und Kosten zu Stande gebrachtes Werk zu verschreyen und dessen Wiederholung zu verhindern. – Die Sache betrifft mich so nah, daß ich Großherzoglicher Kommission die Maaßregeln deshalb völlig überlassen muß, nur das erkläre ich, daß keine auf meinen Text neucomponirte Oper hier am Orte jemals aufgeführt werden kann ...*

25 Sonnt. Estomihi

Vorbereitung zur resp. Gevatterschaft
bei Hrn. Unzelmann
Um 11 U. das Knäbchen im Haus
aus der Taufe gehoben, mit v.
                        Hopfgarten,
C. Rätin Kruse und Dir. Peucer.
Mittag Riemers zu Tisch.
Nach Belvedere gefahren: Dlle Müller,
Dlle Engels, Mad. Riemer.
Die Hern Gevattern: v. Hopfgarten und
Peucer daselbst, letzterer mit einer
                        fameusen Person.
Abends Spielgesellschaft.

Sonntag, 25. Februar 1816

Laut Goethes Tagebuch vom 20. Februar 1816 bat Unzelmann an diesem Tag offiziell am Frauenplan um die *Gevatterschaft* Frau von Goethes.

In Ernestine Engels Tagebuch vom 15.2. heißt es: *Die Alte Genast kam zu mir und sagte mir, die Unzelmann wäre niedergekommen.*

Der Schauspieler Unzelmann war in erster Ehe seit 1808 mit der in Christiane Goethes Briefen mehrfach als *Silie* oder *Demoiselle Sile* erwähnten Schauspielerin Johanna Sophie Friederike, geb. Petersilie, verheiratet. Christiane Goethe ist bei dem Kind aus seiner zweiten Ehe mit der Schauspielerin Unzelmann, geb. Genast, Taufpatin. Diese ist seit 1813 am Weimarer Theater.

Tagebuch Ernestine Engels:
Früh zur Goethen; sie stand bei Unzelmanns Gefatter; die Riemer und Müller kamen auch hin. Der Kammerrath kam auch herunter, schenkte mir Pappier. Wir halfen alle drei anziehn. Sie hatte keinen Fächer; ich lief nach Hause und holte einen. – Nach Tisch mit der Goethen, Riemer und Müller nach Belvedere. – Dann zur Goethen gefaren; wir blieben den Abend dort und spielten Boston.

Tagebuch J. W. Goethe:
Bey gutem Wetter spazieren gegangen. Bey Frau von Stein. Mittags Riemers. Betrachtungen und Entdeckungen über entoptische Farben. Für mich fortgesetzt. Abends mit Riemer Italienische Reise.

26 Mondt. Gotthilf

Haeusliche Besorgungen
Mittag für uns.
Die Frau Räthin Vulpius mit Felix
Abends: die Entdeckung und die Feuer-
probe.

[Rechte Seite:]
Brief an Ramann in Erfurt, wegen einen
halben Eymer Elsaßer.

Montag, 26. Februar 1816

Christiane Goethes Ausgabenbuch: *Zwey Bout. Rum, Zwey Bout. Malaga.*

Felix: Christiane Goethes zweijähriger Neffe, der Sohn von Christian August Vulpius.

Laut Theaterzettel: *Die Entdeckung. Lustspiel in zwei Aufzügen, von Steigentesch. Hierauf: Die Feuerprobe. Lustspiel in einem Aufzuge, von Kotzebue.*

27 Dienst. Fastnacht

Hauswirthschaftl Sorgen.
Mittags für uns.
Abends Spiel: Fr.Räthin Vulpius.
Dlle Müller, Collab. Lungershausen.

Dienstag, 27. Februar 1816

»Weimarisches Wochenblatt« Nr. 16 vom 23. Februar 1816: *Redouten-Anzeige. Künftigen Dienstag als den 27. Febr. d. J., soll Redoute im hiesigen Stadthaussaal gehalten werden. Die Entree-Billets zu 12 gr. sind von Nachmittags 2 bis 4 Uhr auf dem Rathhause und Abends von 8 Uhr an bey der Casse zu erhalten. Uebrigens werden zu Erhaltung des nothwendigen Anstandes dieser Redoute alle schon früher bekannt gemachten unerläßlichen Bedingungen auf das Strengste executirt werden.*

Tagebuch Ernestine Engels:
Zu mir kamen Wolffs, Lortzings und die Riemer, auch Julchen. Sie blieben den ganzen Nachmittag und Abend hier, waren sehr lustig. Ich machte viel Punsch – es war Fastnacht – und Kreppel. Gegen 12 gingen sie. Lungershausen war Abends bei der Goethen.

Auch im Hause Goethe wurde zur Fastnacht Punsch getrunken. Christianes Ausgabenbuch vermerkt: *Zucker zum Punsch 14 Groschen, 8 Groschen eine Bretzel.*

28 Mittw. Leander

Hauswirthschaftl. Vorrichtungen.
Spazierengefahren in d. Staatskutsche.
Mittags für uns.
Abends im Grafen von Burgund.
Dlle Bervisson sehr artig als Elsbeth.

Mittwoch, 28. Februar 1816

Laut Theaterzettel: *Der Graf von Burgund. Schauspiel in vier Aufzügen, von Kotzebue.*

Tagebuch J. W. Goethe:
Abends Graf von Burgund.
Aus dieser Notiz und Christianes Aufzeichnungen ist zu schließen, daß beide gemeinsam das Theater besuchten.

29 *Donn. Nestorius*

Haeusl Besorgungen.
Mittags die werthe Gevatterschaft
zu Tisch, so auch v. Beilwitz und
~~B~~
Dieselben zum Kaffee.
Abends die Riemern, die Müllern
und Herrn v. Hopfgarten zum Spiel

[Rechte Seite:]
Brief Handelsgärtner Gotthold & Comp.
               in Arnstadt mit 2 Th.
11 gr. 6 pf. curr. für Sämereyen.

Donnerstag, 29. Februar 1816

Christiane Goethes Ausgabenbuch: *Gäste, 9 Personen*
4 Taler 16 Groschen, Nachtisch 18 Groschen, Kaffee,
Zucker, Rahm, 13 Groschen.

Tagebuch J. W. Goethe:
Mittag Unzelmann, Krusens, von Beulwitz ... von Boy-
neburg und Peucer. Durchscheinende Bilder. Abends
Riemer.

Der Brief an Gotthold & Com. ist nicht überliefert.
Im »Weimarischen Wochenblatt« vom 16. Februar 1816
hatte der Weimarer Hofgärtner Reichert ein *Verzeichniß*
von Küchen- Garten- Gemüß- Blumen- und Feld-Saa-
men publiziert, worin u. a. angeboten wurden: *Gelber*
Portulak, Rabinsien, rother spanischer Klee, Honiggras,
ord. grüner krauser Herbstwirsching, grüner Erfurter
Winterwirsching, extra früh Ulmer Wirsching, großer
später Ulmer Wirsching, extra frühe englische Glaskohl-
rabi, romanscher Brokoly, franz. blumentragender dito,
weißer engl. blumentragender Brocoly, Zucker-Peter-
silienwurzel, Haberwurzeln, Forellen-Zichorienwurzel,
Rabunzelwurzel, Pastinatwurzel, kleine Erfurter Erbs-
bohne, große Garten- oder Puffbohne, großer gelber
afrikanischer Winterkopf-Salat, grüne Artischocken-
kern, Melonenkern div. Sorten, holländischer Spargel,
Winter-Levcoyen, gefüllte Balsaminen, Resette, gefüllte
chinesische Sonnenblumen, schwarze Scabiosen, wohl-
riechende spanische Wicken, indianische Kresse, ge-
füllte Tuberosenzwiebeln, dito Ranunkeln, dito Ane-
monen.

Martivs.
1 Freyt. Albinus

Hauswirthschaftl. Anordnungen.
Spazieren gefahren.
Zu Mittag Hofr. Meyer.
Dlle Engels. Hr. Unzelmann u. meine
Schwägerin zum Spiel.

Freitag, 1. März 1816

Tagebuch J. W. Goethe:
Natürliche Tochter. Spazieren gefahren ... Abends bey Serenissimo.

Tagebuch Ernestine Engels:
Um 5 in die Probe von Jakob und seine Söhne. Nach der Probe zur Goethen; Unzelmann und die Doktorin war dort. Wir spielten Whist. Der Kammerrath kam auch, sehr verdrießlich.

Anzeige im »Weimarischen Wochenblatt« Nr. 18 vom 1. März 1816: *Neue Bücher, welche in der Hoffmannischen Hofbuchhandlung in Weimar zu haben sind: Lehrbuch einer populären Himmelskunde für Freunde, Verehrer und Lehrer dieser Wissenschaft, von D. Aug. Heinr. Christian Gelpke. Mit 4 Kupfertafeln. Ladenpreis 1 thlr. 12 gr. Leipzig, bey Gerhard Fleischer dem Jüngern, 1815. Da die Erde uns zu verlassen scheint, so wollen wir uns um so mehr zum Himmel wenden, um über das, was oben ist, eine zeitlang zu vergessen, was unten vorgeht.*

2 Sonnab. Simplicius

Wirthschaftl. Besorgungen.
Spazieren gefahren.
Mittag für uns.
Abends im Jacob u. sn. Söhnen.

Sonnabend, 2. März 1816

Christiane Goethes Ausgabenbuch: *Fuhrmann Zeitz 1 Taler 3 Groschen. Zwey Feldhühner 20 Groschen.*

Tagebuch J. W. Goethe:
Spazieren gefahren. Mittag für uns ... Abends Joseph in Ägypten.

Laut Theaterzettel: *Joseph, oder: Jacob und seine Söhne in Egypten. Ein musikalisches Drama in drei Aufzügen, Musik von Mehul.*

3 Sonnt. Invocavit

Hauswirthschaftl. Anordnungen.
Spazieren gefahren
Mittags Riemers und Dlle. Engels.
Nachmittags nach Belvedere.
Daselbst bis Abends 8 Uhr.
Abends mit obigen gespielt.

Sonntag, 3. März 1816

Christiane Goethes Ausgabenbuch: *Gäste 12 Groschen, Nachtisch 8 Groschen.*

Tagebuch J. W. Goethe:
Spazieren gefahren. Mittag Riemers und Demoiselle Engels. Mit Riemer entoptische Farben. Dr. Schnauß. (...) Riemer »Italienische Reise«.

Tagebuch Ernestine Engels:
Um 12 zur Riemer. Dann mit ihr zur Goethen, wo wir zu Tische gebeten waren. Nachmittag fuhren wir nach Belveder, die Müller mit, und blieben den Abend auch zusammen.

4 Mondt. Adrian

Wirthschaftl. Sorgen.
Mittags für uns.
Abends: Die Entführung von Jünger.

Montag, 4. März 1816

Laut Theaterzettel: *Die Entführung. Lustspiel in drei Aufzügen, von Jünger.*

Johann Friedrich Jünger, Lustspielautor und Romanschriftsteller.

Tagebuch J. W. Goethe:
Abends 5 Uhr Erbgroßherzog von Mecklenburg, seine Gemahlin Karoline ist vor kurzem gestorben.

5 *Dienst. Friederich*

Wirthschaftl. Anordnungen.
Spazieren gefahren.
Mittag für uns.
Abends Gesellschaft: H. v. Hopfgarten.
v. Groß. Fr. Prof. Riemer u. Dlle Müller.

Dienstag, 5. März 1816

Christiane Goethes Ausgabenbuch: Unter der Rubrik
Allerley: dem Kutscher Monatslohn 1 Taler.

Tagebuch J. W. Goethe:
*Aufgeräumt. Kleine Gedichte abgeschrieben. Italieni-
sche Reise bis Venedig überblickt. Dr. Schnauß wegen
des Hauskaufs in Jena. Mittags für uns. Entoptische Farben mit August. Divan perlustrirt, so wie auch die Para-
lipomena. (...) Riemer. Italienische Reise und Sprach-
forschung.*

H. v. Hopfgarten: Kammerherr Ernst Ludwig von Hopfgarten aus Eisenach.

6 Mittw. Quatemb.

Hauswirthschaftl. Sorgen.
Invendarium revidirt.
Mittag für uns.
Abends: der Vetter aus Bremen und
die beiden Neffen.

Mittwoch, 6. März 1816

Laut Theaterzettel wurde im Hoftheater gespielt: *Zum Erstenmahle: Der Vetter aus Bremen oder: Die drei Schulmeister. Lustspiel in einem Aufzuge, von Theodor Körner. Darauf: Die beiden Neffen. Lustspiel in drei Aufzügen, nach dem Französischen.*

7 Donn. Felicitas

Wirthschaftl Vorbereitungen.
Spazieren gefahren
Mittag Hofr. Meyer.
Nachmittags mit der Riemern der
Vulpius und der Müller in Belvedere.
Dieselbigen Abends zum Spiel.

Donnerstag, 7. März 1816

Tagebuch J. W. Goethe:
Spazieren gegangen und gefahren. Mittags Meyer.

Tagebuch Ernestine Engels:
Früh zur Goethen. Sie war gut und erzählte mir, daß drei Männer vom Theater bei Goethe gewesen wären, und bat mich zum Freitag hin.

8 Freyt. Philemon

Wirthschaftl. Besorgungen.
Nicht gut disponirt.
Mittag für uns.
Dlle Engels, H. A. Büttner.
u. Dlle Müller.

[Rechte Seite:]
Brief an Ramann um 6 od: 8 Bouteillen
                                    Champagner.

Freitag, 8. März 1816

Am 24. Mai 1812 bittet Goethe seine Frau, ihm einige Dinge nach Karlsbad zu senden: ... *die Inlage bitte zu beherzigen ... Einige Pfund Tabak von verschiedenen Sorten. Frage darüber echte Tabaksraucher um Rath. Der Assessor* (August) *soll sich an Herrn Geh. Kammerrath Büttner wenden.*

9 Sonnab. Adelheid

Wirthschaftl. Sorgen.
Seit 4 Wochen zum erstenmal aus-
                    gegangen.
Mittag BadeInspector Schütz.
Abends, Haß den Frauen und der Vetter
                    aus Bremen.

Sonnabend, 9. März 1816

Christiane Goethes Ausgabenbuch: *Fracht für Wein 17 Groschen, Waschen und Bügeln 17 Groschen.*

Tagebuch J. W. Goethe:
Spazieren gefahren. Badeinspektor Schütz. Clavier spielend. Späterhin Moltke. Abends Haß den Frauen und die 3 Schulmeister.

Laut Theaterzettel: *Haß der Frauen. Lustspiel in einem Aufzuge, von Blümner. Darauf: Ein Violinenkonzert, gespielt vom Hofmusicus Goetze. Dann folgt: Der Vetter aus Bremen oder: Die drei Schulmeister. Lustspiel in einem Aufzuge, von Theodor Körner.*

10 *Sonnt. Reminisc.*

Wirthschaftl. Anordnungen.
Mittag Riemers, Mdme Wieland
                          und Dlle
Bervisson.
Nach Belvedere gefahren: Mad.
Wangemann, Riemer, Dlle Müller.
Zu Hause gespielt.

Sonntag, 10. März 1816

Christiane Goethes Ausgabenbuch: *Gäste 2 Taler 20 Groschen, Nachtisch 12 Groschen, Kaffee und Zucker 8 Groschen.*

Tagebuch J. W. Goethe:
Mittag Riemers, Madame Wieland und Demoiselle Bervisson.

11 *Mondt. Rosine*

Haeusl. Anordnungen.
Mittags für uns
Theater Costums angesehen.
Abends, die Aussteuer, Mad.
Wieland Debutrolle.

Montag, 11. März 1816

Tagebuch J. W. Goethe:
Gegen Mittag zum Herrn Staatsminister von Voigt. Mittag für uns. Theater Costüms ... Abends die Aussteuer, Madame Wieland debutirte.

Tagebuch Ernestine Engels:
Madame Wieland spielte zum erstenmal.

Laut Theaterzettel wurde im Hoftheater gegeben: *Die Aussteuer. Schauspiel in fünf Aufzügen, von Iffland.* Madame Wieland spielte Wallmanns Frau, Demoiselle Bervisson deren Tochter. In weiteren Rollen: Genast, Lortzing und Malkolmi.

12 Dienst. Gregor

Wirthschaftl Besorgungen.
Das Invendarium vollendet.
Mittag für uns.
Spielgesellschaft: Unzelmann,
Deny u. meine Schwägern.

Dienstag, 12. März 1816

Christiane Goethes Ausgabenbuch: *Garn zu spinnen 12 Groschen, Dasselbe zu kaufen 8 Groschen, Fracht für Wein von Erfurth 5 Groschen 8 Pfennige.*

In Nr. 21 des »Weimarischen Wochenblattes« vom 12. März 1816 findet sich folgende Anzeige: *Zahlung offerirt. Da der Freyherr v. Stein zu Kochberg mit seiner Familie sich einige Wochen hieselbst aufgehalten hat, und nunmehr abreißt; so ersucht er die Herren Kaufleute und Handwerksleute, die etwa eine Forderung an ihn haben, selbige (jedoch spätestens innerhalb 8 Tagen) in der Wohnung seiner Mutter hieselbst, unter der Addresse: an den Baron von Stein von Kochberg, abzugeben, und ihre Bezahlung in Empfang zu nehmen; da, so dankbar er gegen jedes persönliche Zutrauen ist, er jedoch für einen Credit wider seinen Willen, keine Verbindlichkeit anerkennt.*

13 Mittw. Euphrasia

Hauswirthschaftl Anordnungen.
Spazieren gefahren.
Mittag für uns.
Gelesen u. genäht.
Abends: Die erste Liebe

Mittwoch, 13. März 1816

Der Theaterzettel vom 13. März 1816 besagt: *Wegen Heiserkeit des Herrn Stromeier wird statt der angekündigten Oper: Joseph, gegeben: Die erste Liebe. Lustspiel in drei Aufzügen, von M. Weißenthurn.*

Tagebuch Ernestine Engels:
Früh wurde die Oper Jakob abgesagt wegen Stromeyers Heiserkeit und die erste Liebe angesagt. Ich war sehr erschrocken, lies mir von Louisen die Rolle überhören.

14 Donn. Eutyches

Wirthschaftl. Besorgungen.
Der Riemern zu ihrem Geburtstag
gratulirt und angebunden.
Mittags für uns.
Nach Belvedere gefahren mit der
Riemern und andern Freundinnen.
Abends mit solchen gespielt.

[Brief Christianes an Caroline Riemer:]
Liebe Professorin!
Ich wünschte, den heutigen Tag recht froh
begehen zu können. Möge er mir ewig unver-
geßlich bleiben. Ich schicke Dir hier ein kleines
Andenken, welches Du nicht verschmähen
wirst.

W. d. 14. März 1816.   Chr. Goethe.
N. S. Von meinem Mann wird es nachkommen.

Donnerstag, 14. März 1816

Tagebuch J. W. Goethe:
Bey Zeiten spazieren gegangen und die Geschäftsgegen-
stände im Ganzen überlegt. Mittag für uns ... Nach Bel-
vedere gefahren. Die warmen Häuser und das Erdhaus
besehen.

Caroline wird an diesem Tag 26 Jahre alt; Christiane
Goethe verbringt den Tag mit Carolines Geburtstags-
gesellschaft.

15 Freyt. Christoph

Hauswirthschaftl. Besorgungen.
Mittag für uns.
Nach Berka gefahren.
Abends spaet zurück.
Bilder Scenen bey Helldorfs.

Freitag, 15. März 1816

Tagebuch J. W. Goethe:
*Im Garten ... Mittag für uns ... Nach Berka gefahren
... Spät zurück ... Waren die Bilderscenen bey Helldorf.*

Helldorfs: Karl Heinrich Anton von Helldorf, Kammerherr in Weimar, und seine Frau.

16 Sonnab. Cyriacus

Wirthschaftl. Anordnungen.
Der neue Gaertner zum erstenmal
im Garten beschäftigt.
Mittags Frau Majorin von Knebel.
Frau von Stein zum Caffee.
Bade Inspector Schütz.
Abends: Jungfrau von Orleans.

Sonnabend, 16. März 1816

Tagebuch J. W. Goethe:
Im Garten. Frau Major von Knebel. Spazieren gefahren.
Zu Mittag Frau Major von Knebel. Frau von Stein. Bade-
inspektor. Lieutenant von Knebel. ... Meyer. Jungfrau
von Orleans.

Luise von Knebel, geb. Rudorff, Kammersängerin in
Weimar, 1798 Heirat mit dem dreiunddreißig Jahre älte-
ren Knebel.

Charlotte von Stein war in den ersten Weimarer Jahren
eine enge Vertraute Goethes. Das Verhältnis zu ihm ist
seit seiner Verbindung mit Christiane gestört. Frau von
Steins Haltung gegenüber Christiane ist abweisend,
aber es gibt Kontakte. Am 20. Dezember 1808 erscheint
sie auf einem Tee Christianes. In einem Brief Christianes
an Goethe vom 5. September 1815 heißt es: ... *Frau von*
Stein ist einigemal hier gewesen. Am 12. September
1815 schreibt Goethe an Christiane: *Suche die Mutter*
(Charlotte von Stein) *und übrige Frauen im Guten zu er-*
halten. In kleinen und großen Städten, an Hof, wie im
Freistaat ist Ruhe und nachgiebige Beharrlichkeit das
Einzige, was leidlich durchs Leben bringt.

Laut Theaterzettel wurde im Hoftheater gegeben: *Die*
Jungfrau v. Orleans. Ein romantisches Trauerspiel in
fünf Aufzügen, von Schiller. Amalia Wolff spielte die
Johanna, Ernestine Engels die Königin Isabeau, die Mut-
ter Karl VII., König von Frankreich, Frau Lortzing die
Agnes Sorel, die Geliebte des Königs.

17 *Sonnt. Oculi*

Wirthschaftl. Anstalten.
Im Garten.
Mad. Unzelmann, mit ihr im Garten
                              und Park.
Mittags Riemers.
In Belvedere.
Abends Spielgesellschaft.

Sonntag, 17. März 1816

Christiane Goethes Ausgabenbuch: *Riemers zu Tisch 16 Groschen, Nachtisch und Kaffee 8 Groschen.*

18 Mondt. Anshelm

Hauswirthschaftl. Angelegenheiten.
Im Garten.
Mittag für uns.
Spazieren gefahren.
Abends: Epigramm. Hr. Klingmann

Montag, 18. März 1816

Tagebuch J. W. Goethe:
Spazieren gefahren. Mittag für uns ... Das Epigramm.
Klingmann spielte.

Laut Theaterzettel: *Das Epigramm. Lustspiel in vier*
Aufzügen, von Kotzebue.

Hr. Klingmann: Schauspieler, seit 1816 in Weimar, spielt
die Rolle des Kanzleidirektors Löwe, Ernestine Engels
die Rätin Warning. In weiteren Rollen Demoiselle
Bervisson, die Herren Genast jun. und sen. und Unzelmann.

Tagebuch Ernestine Engels:
Der Wieland ihr 2 tes Debüt, dem Klingmann sein
erstes.

19 Dienst. Joseph

Wirthschaftl. Anordnungen.
Hr. Deny. Unzelmann und
Hr Klingmann.
Spazieren gefahren.
Mittag für uns.
Abends Spiel: Hr. Büttner. Dlle Müller
und Räthin Vulpius.

Dienstag, 19. März 1816

Spazierfahrten: Vom Arbeitsrhythmus her mag Goethe
sie am späten Vormittag. Christiane fährt am Nachmittag mit mehreren Freundinnen, meist nach Belvedere.
Goethe und seine Frau unternehmen auch gemeinsame
Ausflüge in die weitere Umgebung.

20 *Mittw. Ruprecht*

Wirthschaftl. Angelegenheiten.
Spazieren gefahren.
Mittag Frau Bade Inspector Schütz.
Abends die ital. Oper Antenor, worin
Brizzi u. seine Tochter gespielt und
das zugemauerte Fenster.

Mittwoch, 20. März 1816

Christiane Goethes Ausgabenbuch: *Dreymal Hopfen-
keime 17 Groschen, Spargel 18 Groschen, Hopfenkeim-
chen 10 Groschen, Madame Schütz v. Berka zu Mittag u.
Kaffee 12 Groschen.*

Tagebuch J. W. Goethe:
*Demoiselle Bervisson. Bey Zeiten in Belvedere wo Sere-
nissimus anlangten. Mittag die Badeinspektorin. Nach
Tische der Badeinspektor. Entoptische Farben. Abends
Antenore und das zugemauerte Fenster.*

Tagebuch Ernestine Engels:
*. . . ging dann zur Goethen; sie war nicht zu Hause. Nach
tisch zu Wolffs, wo ich Wolffs Sachen zum Romeo
machte und um 1/4 auf 6 ins Theater ging. Brizzi und
seine Tochter spielten.*

Laut Theaterzettel wurde im Hoftheater gegeben: *In ita-
lienischer Sprache: Antenore, esposto al furore dé Bac-
canti. Antenor, verfolgt von den Bachanten. Oper in einem Act, Musik von Pilotti und Herrn von Poisl. Vorher:
Das zugemauerte Fenster, Lustspiel in einem Aufzuge,
von Kotzebue.*

Herr Brizzi, erster königlicher bairischer Hofsänger,
sang als Gast den Antenor, seine Tochter, Demoiselle
Brizzi, die Lastenia.

21 Donn. Benedict

Anordnungen in der Wirthschaft.
Dlle Engels.
Madame Kaempfer.
Mittag für uns.
Abends. Dlle. Engels, Hr. Deny und
                                        Hr. Unzelmann.

Donnerstag, 21. März 1816

Tagebuch Ernestine Engels:
Früh zur Goethen wegen dem Pettinettuch zur Groß-mama; sie gab es mir. Ich ging zu ihm hinter und bat ihn, mich in Achilles frei zu laßen; er bewilligte es gern ... Um 5 ging ich – – zur Goethen, wo Deny und Unzel-mann waren. Whist ... Wir gingen sehr bald nach Hause, weil die Goethen einen schrecklichen Schnupfen hatte.

In Kotzebues »Großmama« spielte Ernestine Engels die Großmama, Demoiselle Bervisson ihre Enkelin, Eduard Genast den Enkel und Lortzing den Kammerdiener.

22 Freyt. Casimir

Wirthschafts Rechung u. d. g.
Herr E. Genast.
Spazieren gefahren.
Mittags für uns.
KriegsSecretairn Wangemannin,
                           Räthin
Vulpius u. die Riemern Boston gespielt.

Freitag, 22. März 1816

Tagebuch Ernestine Engels:
*Früh zur Goethen und sprach mit ihr über das Erfurtsche
Deklamatorium von Wolffs. Der Kammerrath kam auch
herunter; vielseitiges Theatergespräch.*

In Nr. 24 des »Weimarischen Wochenblattes« vom
22. März 1816 wurde unter der Rubrik *Allerhand Bekanntmachungen* folgende Annonce publiziert: *Einladung. Mit höchster Bewilligung haben wir die Ehre,
künftigen Dienstag den 26. März, ein Declamatorium
auf dem Stadthause zu geben, und somit vor unserer Abreise die letzten öffentlichen Worte an ein hohes und ge-
ehrtes Publikum zu richten, dem wir für das uns eine
Reihe von Jahren geschenkte Wohlwollen, Theilnahme
und Beifall, den gefühltesten Dank sagen.*

Wolff.
Amalia Wolff.
Grosherzogl. Hofschauspieler.

*Die Eintrittskarten zu dem Declamatorio à 12 Groschen
sind in meinem Hause am Erfurtherthor D. No. 12.
eine Treppe hoch, Montags und Dienstags Vormittag
von 9 bis 12 Uhr, und an der Casse zu haben. Burkhardt,
Hof-Secretair.*

23 Sonnab. Eberhard

Wirthschaftl. Besorgnisse.
Spazieren gefahren.
Mittags Hof Advoc. Büttner
Abends Wolfs letztes Spiel in Romeo
u. Julia.

Sonnabend, 23. März 1816

Tagebuch J. W. Goethe:
Mittag Hofadvokat Büttner. Autorisation von Theater-
quittungen. Verschiedene Concepte. Abends Wolffs letz-
tes Spiel. Romeo und Julia.

Das Schauspielerehepaar Amalie und Pius Alexander
Wolff, sie ab 1791, er ab 1803 in Weimar. Goethes Verhältnis zu beiden war zwiespältig. Wolffs gehörten nicht
zum engeren Freundeskreis Christianes, sie verkehrten
nicht im Haus am Frauenplan. Goethe schrieb am 1. August 1810 an Christiane: *Suche wenigstens mit Wolff in*
einem guten Verhältniß zu bleiben, wenn es auch mit ihr
nicht geht. Am 12. Februar 1816 schrieb er an Kirms:
Da es mir aus mehrern Ursachen wünschenswerth
scheint, daß wir mit den Wolffischen Eheleuten in gutem
Vernehmen scheiden, so ersuche Ew. Wohlgeboren um
eine genaue und ausführliche Darstellung, wie es denn
eigentlich mit den Kleidern beschaffen, wegen welcher
noch eine Differenz obwaltet. Und am 13. Februar wie-
derum an Kirms: *1) Hat Madame Wolff bezeichnete*
Kleider aus den Händen Großherzoglicher Theater-
Kommission erhalten? – 2) Wenn sie dieses läugnet,
wie kann man es ihr beweisen?

Laut Theaterzettel wurde im Hoftheater gespielt: *Ro-*
meo und Julia. Trauerspiel in fünf Aufzügen, nach
Shackespear und Schlegel, von Goethe. Julia: Frau
Wolff, Romeo: Herr Wolff. Ernestine Engels spielte Ju-
liens Wärterin, in weiteren Rollen die Herren Genast,
Malkolmi, Unzelmann, Lortzing, Deny u. a.

Das letzte Spiel der Wolffs muß mit viel Beifall bedacht worden sein, was Goethes Mißfallen erregte. Am 27. 3. 1816 schrieb er an die Hoftheater-Intendanz: *Es war darauf angelegt Wolffs nach Romeo und Julie herauszurufen und ihnen Gelegenheit zu einer Anrede an's Publikum zu geben. Dieß … (ist) zu verpönen.*

Goethes Äußerungen geben seinen Ärger wieder, spiegeln aber auch seinen autoritären Anspruch als Theaterdirektor. Er notiert am 26. März in sein Tagebuch: *Theatergebrechen.* An diesem Tag wurde durch ein Rescript des Herzogs die Hoftheater-Kommission zur Hoftheater-Intendanz erhoben. Goethe schrieb am 27. 3. 1816 an die Hoftheater-Intendanz: *Es hat bisher bey Theater und Kapelle manche Unregelmäßigkeiten gegeben … Bey einem neuen Reglement möchte wohl auf nachstehende Fälle einige Rücksicht genommen werden. (…) Ein Schauspieler hielt ohne Erlaubniß eine Anrede an's Publikum. (…) Wolffs unterzeichnen sich auf einem Anschlagezeddel: Großherzogliche Hof-Schauspieler, und geben ein Declamatorium ohne Erlaubniß ihrer Vorgesetzten.*

Am 26. März notiert Ernestine Engels in ihr Tagebuch: *Ganz früh zu Wolffs. Ich verkaufte viel Billets. – (Abends) zog ich die Wolff an und ging mit den Kindern ins Deklamatorium.*

24 Sonnt. Lätare

Wirthschaftl. Anordnungen.
Spazieren gefahren.
Mittags: Bassin u. Kraeuter.
Abends Spiel: Bassin, Rathin Vulpius
u. d. Engels

Sonntag, 24. März 1816

Tagebuch J. W. Goethe:
Spazieren gefahren. Mittags Herr Passin und Kräuter...
Fortsetzung des Aufsatzes über die Farbenlehre ...
Shakespeares Heinrich IV. mit dem Original collationirt.

25 Mondt. Mar. Verk.

Hauswirthschaftl. Vorbereitungen
Dienemann mit der Horn getraut
Becks, sen. u. jun.
Mittags für uns.
Abends im Ettore triomfante und
die Großmama.

Montag, 25. März 1816

Dienemann mit der Horn getraut: Heirat von Kutscher und Köchin des Goethe-Hauses.

Johanna Christiana Horn diente seit elf Jahren als Köchin im Goethe-Haus, sie war 1805, einundzwanzig-jährig, von Christiane eingestellt worden. Christiane und Goethe sind mit dieser Köchin offenbar sehr zufrieden. Goethe schreibt am 30. März 1807 an seine in Frankfurt am Main weilende Frau: *Zuerst also muß zum Lobe der Köchin gesagt werden, daß sie ihre Sachen vortrefflich macht, gute Waare ankauft und sie mit Sorgfalt zubereitet . . .*

Johann Heinrich Dienemann war 1810, mit vierundzwanzig, als Kutscher ins Goethe-Haus gekommen. Am 21. Mai 1813 schreibt Goethe an Christiane: *Hiernächst muß ich den Kutscher loben, der nicht allein Pferde und Geschirr, wie immer, sehr gut hält, sondern auch seinen übrigen Dienst dergestalt versieht, daß man es nicht besser wünschen kann. Schon durch seine Ehrlichkeit wird mehr erspart, als zu berechnen ist.* Und am 1. Juni 1813: *Der Kutscher macht seine Sachen vor wie nach höchst lobenswürdig, und läßt mir manchmal merken, daß er auch gegen Dich belobt sein möchte.* Als Dienemann Christiane Goethe 1815 auf ihrer Kurreise nach Karlsbad begleitet, schreibt sie von dort am 19. Juli an Goethe: *Der Kutscher hat sich musterhaft betragen.*

Becks: Die Schauspielerin Henriette Beck mit ihren Kindern und ihrer Pflegetochter.

Tagebuch J. W. Goethe:
Spazieren gefahren. Mittag für uns ... Ettore triomfante und die Großmama.

Gemeinsamer Besuch Christianes und Goethes im Hoftheater. Laut Theaterzettel wird gespielt: *Zum Erstenmahle: In italiänischer Sprache L' Addio d'Ettore, o il suo ritorno trionfante. Hektors Abschied von Andromache oder: dessen siegreiche Rückkehr. Oper in einem Act, Musik von Pär, Ritter und Winter. Vorher: Zum Erstenmahle: Die Großmama, Lustspiel in einem Aufzuge, von Kotzebue.* Herr Brizzi als Gast sang den Hector, seine Tochter die Andromache.

Tagebuch Ernestine Engels:
Früh besorgte ich alle meine Sachen zur Großmama ... zur Probe von der Großmama ... Das Stück ging sehr gut ... Ich sah die Oper aus der Coulisse zu ...

26 Dienst. Emanuel

Wirthschaftl Anordnungen.
Madame Unzelmann.
Mittags für uns.
Abends. Hr. Unzelmann, Büttner
und Räthin Vulpius.

[Rechte Seite:]
Brief an Ramann wegen 1/2 Eymer
              Würzburger u. 1/2 Eymer
Elsaßer.

Dienstag, 26. März 1816

Tagebuch J.W.Goethe:
Papiere nach Jena wegen dem wissenschaftlichen Ver-
eine ... Kirms ... Meyer neue Einrichtung der Zeichen-
schule. Spazieren gefahren. Mittag für uns. Voigts orga-
nische Körper.

27 Mittw. Hubert

Hauswirthschaftl. Vorrichtungen.
Spazieren gefahren.
Mittags für uns.
Abends: mehr Glück als Verstandt.
und der Diener zweier Herrn.

Mittwoch, 27. März 1816

Tagebuch J. W. Goethe:
Aufs Schloß. Prinzeß von Mecklenburg. Prinz Albert. Bey Ihre Hoheit der Großherzogin ... Spazieren gefahren. Mittag für uns ... Abends: Mehr Glück als Verstand, und der Diener zweier Herrn.

Im Hoftheater wurde gegeben: *Mehr Glück als Verstand. Lustspiel in einem Aufzuge, von Karl Schall. Hierauf: Der Diener zweier Herrn. Lustspiel in zwei Aufzügen.*

28 Donn. *Eustachius*

Wirthschaftl. Vorrichtungen.
Hr. Deny.
Spazieren gefahren.
Mittag ~~für uns~~ Professor Sturm.
Pfeffels Erzählungen.

Donnerstag, 28. März 1816

Christiane liest in Gottlieb Konrad Pfeffels Erzählungen
am 28., 29. und 30. März.

29 Freyt. Sol. Bußtag

Wirthschaftl. Anordnungen.
Madme Kämpfer.
~~Spazieren gefahren~~ Großherzog v.
                                 Mecklenburg
Mittags für uns
Pfeffels Erzählungen.
Abends Spielgesellschaft.

Freitag, 29. März 1816

Tagebuch J. W. Goethe:
Genast: Betragen gegen die Schauspieler. Erbgroßherzog von Mecklenburg.

Tagebuch Ernestine Engels:
Der Großherzog, der Prinz von Mecklenburg, Edling und Canicoff waren auf der Probe.

Christiane am 19. Juni 1810 aus Weimar an Goethe: *Die beiden Prinzen kamen gleich, sobald sie nur in (den) Saal getreten waren, zu mir und begrüßten mich recht herzlich und freundlich* ... Am 1. Juli 1810 heiratet Friedrich Ludwig Prinz von Mecklenburg-Schwerin Carl Augusts Tochter Caroline. Christiane am 5. Juli 1810 an Nikolaus Meyer: *Wir haben unterdessen hier sehr viel Festlichkeiten und fröhliche Stunden gehabt wegen der Vermählung unserer Prinzessin Caroline mit dem Erbprinz Friedrich von Mecklenburg-Schwerin, und um so mehr, da ich und August an allen diesen Festlichkeiten Teil genommen haben; es waren Bälle und Festlichkeiten wie noch keine in Weimar waren und um so angenehmer war es uns, da vorigen Winter der Erbprinz sehr oft in unserm Hause war und ich ihn als einen der liebenswürdigsten Männer gefunden habe, so auch Prinz Gustav; überhaupt sind es zwey geistreiche Männer.*

30 Sonnab. Guido

Hauswirthschaftl. Anordnungen.
Spazieren gefahren.
Mittags für uns.
BadeInspector.
Pfeffel.
Abends Achilles.

Sonnabend, 30. März 1816

Tagebuch J. W. Goethe:
Spazieren gefahren. Mittag für uns ... Abends Achill.

Das Hoftheater gab laut Theaterzettel: *In italiänischer Sprache: Achilles. Eine heroische Oper in zwei Aufzügen, Musik von Paer.* Als Gäste sangen Herr Brizzi den Achill und Demoiselle Brizzi die Briseis, die Tochter des Königs von Thessalien.

31 Sonnt. Judica

Wirthschaftl. Vorbereitungen.
Spazieren gefahren.
Mittags Mdme Beck u. deren Kinder.
Madme Riemer u. Lieut. Gobi.
Nachmittags zusammengeblieben.
Lorzings.
Abends Boston. mit Mdme Beck
u. Riemer, u. Lorzings.

Sonntag, 31. März 1816

Mit dem von Christiane erwähnten *Lieut. Gobi* ist höchstwahrscheinlich der gebürtige Spanier Louis Wilhelm Philipp Gauby gemeint. Seit 1810 beim sachsen-weimarischen Militär. Goethe erwähnt ihn in seinem Tagebuch als Gast des Hauses: *Mittags Becks, Frau Professor Riemer und Lieutenant Gauby.*

Tagebuch Ernestine Engels:
Ganz früh zu Wolffs. Sie gingen aus und machten Visiten. – Den ganzen Tag Weinen und Abschiednehmen.
Am 1. April verließen Amalie und Pius Alexander Wolff Weimar. Die Kündigung der beiden Künstler, die Goethe sehr schätzte, hatte ihn im September 1815 vor die vollendete Tatsache gestellt. Sie hatten Verhandlungen mit Berlin geführt und, ohne ihn ins Vertrauen zu ziehen, den Vertrag abgeschlossen.

Aprilis.
1 Mondt. Theodor

Wirthschaftl. Sorgen.
Schreckliche Zahnweh.
Spazieren gefahren.
mittags für uns
Wirthschaftl Rechnungen.
Abend mit Dlle Kämpfer im Liebhaber
Concert u. getheiltem Herz.

Montag, 1. April 1816

Tagebuch Ernestine Engels:
War der schreckliche Tag, wo Wolffs abreißten... ich hatte fürchterliches Zahnweh... Ich mußte mit schrecklichen Schmerzen spielen.

Im Hoftheater wurde gespielt: *Das getheilte Herz. Lustspiel in einem Aufzuge. Hierauf: Das Liebhaberconzert. Singspiel in einem Aufzuge, Musik von Hofmusikus Carl Eberwein.*

2 Dienst. Amalia

Hauswirthschaftl Besorgungen.
Der Geheimerath unpaß, mit
                        geschwollenen
Backen.
Genast jun. Prof. Riemern. Dlle Kämpfer
Mittag für uns.
Nachmittags noch unpaß.
Abends gespielt: Genast, die Riemern
und die Müllern.

Dienstag, 2. April 1816

Tagebuch J. W. Goethe:
Mittag für uns. Ward nicht wohl und legte mich zu Bette.

Goethe an Zelter am 3. Mai 1816: *Den 2. April wurde ich von einem wunderlichen, nicht gefährlichen, aber doch starken rheumatischen Übel befallen, daß ich mich zu Bette legen mußte ...*

»Weimarisches Wochenblatt« Nr. 27 vom 2. April 1816: *Ballanzeige. Den 2. Osterfeiertag wird Ball im großen Saale des Schieshauses gehalten. Der Anfang ist 8 Uhr; das Entree für Herren 2 Kopfstück. Für warme und kalte Getränke und kalte Speisen werde ich bestens sorgen. W. Wangemann.*

3 Mittw. Darius

Wirthschaftl Sorgen.
Der G. R. noch krank.
Mittags mit August allein.
Der G. R. hat den ganzen Tag das
Bett nicht verlassen.
Abends mit Mdme Kämpfer, Organe
des Gehirns

Mittwoch, 3. April 1816

Im Hoftheater wurde laut Theaterzettel gespielt: *Die Organe des Gehirns. Lustspiel in drei Aufzügen, von Kotzebue.*

4 Donn. *Ambrosius*

Hauswirthschaftl. Anordnungen.
Der Geheime Rath noch krank.
August und ich zu Mittag.
Nachmittags mit der Riemern
spazieren gefahren.
Abends. die Riemern, die Müllern und
                    Büttner zum Spiel.
Der Geheimerath den ganzen
                    Tag zu Bette.

Donnerstag, 4. April 1816

Tagebuch J. W. Goethe:
Übler Tag.

5 Freyt. Hoseas

Wirthschaftl. Gedanke
Der Geheimerath um vieles besser, er
stand
zu unserer aller Freude gegen 9 Uhr auf
und
ließ sich ankleiden
Dlle Bervisson. Der Gesandte Canicoff.
Mittags für uns.
Mdme Lorzing.
Abends Spiel: Dlle Müller u. Lorzings

Freitag, 5. April 1816

Basil Canicoff, Kaiserlich Russischer Gesandter. Im
»Weimarischen Wochenblatt« Nr. 7 vom 25. Januar
1816 stand unter der Überschrift *Gesandtschafts-Be-*
glaubigung: Am 14. dieses Monats überreichte dem
Grosherzog, Königl. Hoheit, der Kaiserl. Russische Ge-
sandte und bevollmächtigte Minister am hiesigen Gros-
herzogl. Hofe, Herr General-Lieutenant von Canicoff,
sein Creditiv in einer feierlichen Audienz ...

6 Sonnab. Irene

Wirthschaftl. Anordnungen.
Spazieren gefahren.
Mittag für uns.
Abends bey Lorzings.
Herrn Lorzing sein Geburtstag.

Sonnabend, 6. April 1816

Tagebuch J. W. Goethe:
Joseph in Ägypten, sehr gute Vorstellung.

An diesem Tag besuchte Goethe das Hoftheater ohne
seine Frau.
Es wurde gegeben: *Joseph, oder: Jacob und seine Söhne
in Egypten. Ein musikalisches Drama in drei Aufzügen,
Musik von Mehul.*

Tagebuch Ernestine Engels:
*Früh um 9 zu Lortzings; sein Geburtstag war ... dann
waren wir bis 5 allein bei Tisch. Champagner. Die Goethen, Riemer, Lungershausens, die Beck und Beuther
waren dort. Wir spielten Boston. Auf den Abend fuhr
ich mit der Goethen und Riemer nach Hause.*

7 Sonnt. Palmar.

Wirthschaftl. Vorbereitungen.
Der G. R. zum Huldigungsfeste bey Hof.
Mittags bey Riemers.
Der G. R. von der Tafel am Hof kam
bey Riemers und brachte uns den
                              Nachtisch.
Abends für uns.

Sonntag, 7. April 1816

Tagebuch Ernestine Engels:
Zu Riemers. – Ich blieb mit der Goethen zu Tisch dort. – Nachmittag kam Goethe vom Hof und brachte uns allerlei Confitüren.

»Weimarisches Wochenblatt« Nr. 29 vom 9. April 1816.
Kurze Nachricht von der feierlichen Erbhuldigung und der Eröffnung der ständischen Berathungs-Versammlung zu Weimar.
Ein wichtiger Tag war der 7te April für unser Weimar und das ganze Grosherzogthum.
Zwey feierliche Handlungen, jede wichtig für sich, bezeichneten den glücklichen Zeitpunkt, der uns Trost für die Leiden der Vergangenheit, Linderung der Gegenwart gewähren und Landesväterliche Erklärungen an ein treues Volk zum Unterpfand einer bessern Zukunft einsetzen sollte.
Nach dem Vormittagsgottesdienst versammelten sich die Abgeordneten der neuen Landestheile auf dem Grosherzogl. Schlosse, um den Erbhuldigungs-Eid, der zugleich, um Kosten zu sparen, für die Vasallen statt der Lehnspflicht diente, vor den Augen ihres jetzigen Fürsten abzuleisten ...
Hierauf folgte die Eröffnung derjenigen Versammlung, welche von Sr. K. Hoheit zu dem großen Zwecke berufen war, sich über die Entwerfung einer Urkunde zu berathen, wodurch für das Land eine ständische Verfassung begründet, und für die Formen und Bedingungen einer Repräsentation der Gesammtheit der Staatsbürger eine Bestimmung ausgesprochen würde. ...

Den Handlungen folgte eine Ceremoniell-Tafel, woran mit Sr. K. Hoheit, die Herren Staatsminister und Deputirten speißten, deren Gesundheit Höchstdieselben im Anfange zu trinken geruhten, und die Höchst-Sie zuletzt mit Ausbringung des Toasts: Der deutsche Bund lebe! unter Trompeten- und Paukenschall beschlossen.

Nach der Tafel wurden sämmtliche Abgeordneten Ihro K. Hoheit unserer verehrten Frau Grosherzogin und Landesmutter vorgestellt, und der feierliche Tag mit einer großen Cour beschlossen.

8 Mondt. Apollonia

Dienemann und seine Frau ziehen ab.
Ihr Wirthschaftsgeräthe nach
                            Belvedere
Die neue Koechin tritt an.
Mittag Kraeuter
Mit der Rimern, der Müllern und
der Räthin Vulpius in Belvedere.
Abends zusammen gespielt.

Montag, 8. April 1816

Köchin und Kutscher hatten mit der Heirat am 25. März 1816 ihre Stellungen gekündigt und verließen das Haus am Frauenplan. Dienemann übernahm als Pächter die Gastwirtschaft in Belvedere.

Im »Weimarischen Wochenblatt« Nr. 29 vom 9. April 1816 erschien folgende Anzeige: *Gastwirthschaft zu Belvedere. Einem hohen Adel und geehrten Publikum mache ich ergebenst bekannt, daß ich von Ostern an die Gastwirthschaft zu Belvedere übernehmen, und jeden verehrten Gast mit möglichster Aufmerksamkeit und Präcision zu bedienen mich bestreben werde. Mit verschiedenen Getränken, auch guten Weinen, kalten und warmen Speisen, alles von bester Qualität, hoffe jederzeit aufwarten zu können.*
Besonders werde ich mir es angelegen seyn lassen, Bestellungen auf Dejeunes, Dinees u. dergl. für ganze Gesellschaften, auf's Beste zu besorgen, und mit den billigsten Preißen stets die prompteste Bedienung möglichst zu verbinden suchen. Tanzliebhaber können sich Sonn- und Festtags an zwey Orten des Tanzes erfreuen. J. H. Dienemann.

9 Dienst. Bogislaus

Der Cammerrath früh um 4 U. nach
                              Ilmenau
Wirthschaftl. Anordnungen.
Dlle Engels.
Mittag die Engel und Lorzings.
Mit diesen nach Belvedere gefahren.
Abends gespielt.

Dienstag, 9. April 1816

Tagebuch J. W. Goethe:
Früh um 4 August nach Ilmenau ... Mittag Riemers und Engels. Nach Tische Lortzings.

Tagebuch Ernestine Engels:
Früh einen Augenblick zu Malcolmi. Dann zur Goethen; sie bat mich zu Tische. Dann zur Beschäftigung von Theodor; von da nach Hause, angezogen, dann zur Riemer und mit ihr und ihm zu Goethes gefahren. Er war sehr gut. Nachher kamen Lortzings; wir fuhren spazieren.

10 *Mittw. Daniel*

Wirthschaftl Anordnungen.
Dlle Engels.
Hr. Unzelmann.
Hr. Deny.
Mittags allein
Mit Mad. Kaempfer in Belvedere.
Riß ein Pferd aus.
Abends bey der Rimern zu Tisch.

Mittwoch, 10. April 1816

Christiane Goethes Ausgabenbuch unter der Rubrik
*Gäste: Spargel 12 Groschen, Pomeranzen 9 Groschen
6 Pfennige, Aal 21 Groschen, Kuchen 6 Groschen, Gäste 2 Taler 3 Groschen, Nachtisch, Sandkuchen 1 Taler,
1 Groschen, Kaffee 8 Groschen.* Unter der Rubrik *Allerley: Brodbackerlohn 12 Groschen, Wachslichte 2 Taler,
In Belvedere 12 Groschen.*

Tagebuch Ernestine Engels:
*Beschäftigung von Theodor. – Dann zur Goethen. Deny
war dort, nachher auch Unzelmann. Goethe kam herein
und frühstückte; er war freundlich.*

Die Vorstellung im Hoftheater fiel an diesem Abend aus.

11 *Donn. Gründonn.*

Wirthschaftl Anordnungen.
Spazieren gefahren.
Mittag Kraeuter.
Nach Tisch mit Lorzings, der Engels
und der Riemern in Belvedere.
Abends allein.

Donnerstag, 11. April 1816

Tagebuch J. W. Goethe:
Um 11 Uhr nach Belvedere. Mittag Kräuter.

Tagebuch Ernestine Engels:
Einen Augenblick zur Goethen, sie war aber mit ihm nach Belvedere gefahren.

12 Freyt. Charfreyt.

Wirthschaftl. Vorbereitungen.
Spazieren gefahren.
Mittags für uns.
In Belvedere.
Dlle Bervisson.
Abends allein.

Freitag, 12. April 1816 (Karfreitag)

Christiane Goethes Ausgabenbuch verzeichnet unter der Rubrik *Garten: Das Krautland zu graben und Weiden zu köpfen 2 Taler.* Es sind wohl die letzten von Christiane Goethe veranlaßten Garten- bzw. Feldarbeiten.

Christiane und Goethe unternahmen eine gemeinsame Spazierfahrt um das Webicht, ein Ausflugsgebiet mit breiten Wegen, östlich von der Stadt, an der nach Jena führenden Chaussee gelegen.

Tagebuch J. W. Goethe:
Spazieren ums Webicht ... Nach Tische mit Meyer nach Belvedere, in den Gewächshäusern. Später am Gasthof. Kapellmeister Müller und andere. Zurück. Mit Meyer die nächsten Verhandlungen.

Tagebuch Ernestine Engels:
Nachher kam die Deckert, dann die Goethen.

13 Sonnab. Patricius

Hauswirthschaftl. Anstalten.
Nicht gar wohl.
Mittags für uns –
Abends kränker.

Sonnabend, 13. April 1816 (Karsamstag)

Tagebuch J. W. Goethe:
Mittag für uns ... Demoiselle Bervisson.

14 Sonnt. Osterfest

Wirthschaftl. Vorbereitungen.
Magenkrämpfe.
Mittags, Unzelmanns, Riemers.
Abends zum Thee bey Wangemanns.
Bis Mitternacht 12 Uhr daselbst sehr
                                vergnügt.

Sonntag, 14. April 1816 (Ostersonntag)

Christiane Goethes Ausgabenbuch, Quartalsrechnung *Ostern bis Johannis*, verzeichnet an diesem Tag: *Minchen beym Abschied 1 Taler und 10 Groschen und zu der Riemer ihren Geburtstag Hyazinthen.*

Tagebuch J. W. Goethe:
Mittags Riemers und Unzelmanns. Sonderung der Zeichnungen.

Goethe schreibt an Zelter unter diesem Datum: *Wenn die Deutschen sich einer allgemeinern Unteilnahme befleißigen und auf eine häßliche Art dasjenige ablehnen, was sie mit beiden Händen ergreifen sollten, so ist der Einzelne wirklich himmlisch, wenn er treu und redlich teilnimmt und freudig mitwirkt . . . Seebeck in Nürnberg hält sich trefflich, und ich will gar nicht leugnen, daß es mich höchlich freut, daß ein alter und so treuer Mitarbeiter in Paris den Preis gewinne, indessen die Deutschen sich wie starre Gespenster gegen uns betragen; es ist ihnen aber nicht geschenkt, ich warte nur auf schickliche Gelegenheit, sie recht übel zu behandeln.*

15 Mont. Ostermont.

Wirthschaftl. Anordnungen.
Um 11 U. nach Belvedere.
Mittags der kleinen Deny.
Nachmittag allein.
Abends mit dem G. R. im unter-
                              brochenen
Opfer.

Montag, 15. April 1816 (Ostermontag)

Tagebuch J. W. Goethe:
Um 11 Uhr nach Belvedere. Mittags für uns ... Das unterbrochene Opferfest.

Der fünfjährige Sohn des Schauspielerehepaars Deny.

Gemeinsamer Hoftheaterbesuch. Gespielt wurde: *Das unterbrochene Opferfest. Eine heroisch-komische Oper in zwei Aufzügen, Musik von Winter.*

16 Dienst. Charisius

Hauswirthschaftl. Vorbereitungen.
Madme. Deny in's Wochenbett
                    gekommen.
Um 11 U. die Rempt'sche Singschule
Mittags allein.
Nachmittags mit den Lorzings in
                    Belvedere.
Abends allein.

Dienstag, 16. April 1816

Tagebuch J. W. Goethe:
Um 11 Uhr Singschule. Mittag für uns.

Goethes Tagebuch vom Vortag:
Das große Zimmer zur Musik geordnet.

Christiane und Goethe erwähnen in ihren Briefen mehrfach die Singschule. Goethe an Christiane am 30. März 1810: *Die Mitglieder der Singestunde grüße zum schönsten;* Christiane an Goethe am 6. Juni 1810: *Unsere Singstunden gehen auch ruhig fort;* am 13. Januar 1811: *Donnerstags früh ist unsere Singstunde von allen Mitgliedern besucht worden, und alles ist gut von Statten gegangen. Im Deckenzimmer speisten 12 Personen ... Zehn Chorschüler waren in meinem Zimmer bei Tische ...*

17 Mittw. Rudolph

Wirthschaftl Anordnungen.
Um 10 Uhr nach Berka.
Mittags beym Bade Inspector.
Auf dem Badeplatz.
Zurück. Ein schöner Tag.
Abends gelesen.

Mittwoch, 17. April 1816

Tagebuch J. W. Goethe:
Um 10 Uhr nach Berka. Spazieren. Beym Badeinspektor gegessen. Nach Tische Sebastian Bachische Sonaten. Am Badeplatz. Nach Hause. Der Tag war sehr schön.

Christiane Goethes Ausgabenbuch: *In Berka ausgegeben 22 Groschen 8 Pfennige.*

Vermutlich Lektüre von Pfeffels Erzählungen oder Lawrences »Paradies der Liebe«.

Im Hoftheater stand *Der Herbsttag. Schauspiel in fünf Aufzügen, von Iffland,* auf dem Spielplan.

18 Donn. Valerian

Wirthschaftl. Vorbereitungen.
E. Genast mit der Nachricht von dem
Tode von Hrn. Unzelmanns ältsten
                              Knaben.
Mittags. Coudray, Meyer u.
                         v. Schiller jun.
Nachmittags mit Lorzings u.
                         Dlle Engels
in Belvedere.
Ganz spät zurück.

Donnerstag, 18. April 1816

Tagebuch Ernestine Engels:
Früh war Unzelmanns Kind gestorben ... Nachtisch
fuhr ich mit der Goethen und Lortzings nach Belvedere.

Der Baumeister Clemens Wenzeslaus Coudray war mit
Wirkung vom 20. April 1816 zum Oberbaudirektor
von Weimar berufen worden; er machte seinen Antritts-
besuch im Haus am Frauenplan.

Schiller jun.: der zwanzigjährige Ernst Schiller, Sohn von
Charlotte und Friedrich Schiller.
1799 hatte Christiane Goethe den dreijährigen Ernst
und dessen Bruder Karl im Haus am Frauenplan aufgenommen, weil Charlotte von Schiller im Wochenbett
am Nervenfieber erkrankt war. Ernst Schiller und August Goethe sind befreundet.

Tagebuch J. W. Goethe:
Abends für mich.

19 *Freyt. Hermogen*

Wirthschaftl Sorgen.
Die Oessen ausgebrannt.
Spazierengefahren
Mittag für uns.
Die Riemern.
Abends, die Riemern, die Müllern
u. Vulpiussin.

Freitag, 19. April 1816

Christiane Goethes Ausgabenbuch: *Den Schornsteinfegern bey Ausbrennung der Oessen 11 Groschen 4 Pfennige, Stadelmanns ausständiges Biergeld 8 Groschen.* Am 26. April 1816 sind nochmals 3 Taler für das *Ausbrennen der Schornsteine* verzeichnet.

Auch Goethe erwähnt in seinem Tagebuch: *Die Össen ausgebrennt.* Und in einem Brief an Minister Voigt heißt es: *ist das Ausbrennen meiner sehr verrusten Oessen so glücklich von Statten gegangen, daß ich diese Operation allen hausbesitzenden Freunden empfehlen darf.*

»Weimarisches Wochenblatt« Nr. 13 vom 13. Februar 1816: *Sämmtliche Hausbesitzer, sowohl in hiesiger Stadt als im ganzen Lande, werden hierdurch an die nöthige Reinigung der Oessen und Ofenröhren und insbesondere an die gesetzliche Vorschrift erinnert, daß die Oessen 3 Ellen hoch über den Einheitze-Oeffnungen und Ofenröhren mit Leimen und Asche oder Salz zu überziehen sind. Sämmtliche Feuerinspectoren werden hierdurch angewiesen, bei den Visitationen auf Befolgung dieser Vorschrift zu sehen. Sign. Weimar, den 10. Febr. 1816. Grosherzogl. S. Landes-Direction. A. v. Ziegesar.*

20 Sonnab. Sulpitius

Wirthschaftl. Anordnungen.
Madme Kaempfer.
Dlle Seidler von Jena.
Selbige zu mittag.
Spazieren gefahren.
Abends der Wald bey Hermannstadt.

Sonnabend, 20. April 1816

Tagebuch J. W. Goethe:
Verschiedene Anordnungen. Im Garten. Genast courente Dinge. 1/2 11 Uhr zu der Großherzogin. Zu Meyer. Zu Riemers. Mittags Demoiselle Seidler. Frau von Stein. Abends der Wald bey Herrmannstadt.

Goethe vermerkt in den »Tag- und Jahres-Heften« 1816: *Im Nachklang der rheinischen Eindrücke ward von den Weimarischen Kunstfreunden das Bild des heiligen Rochus ... erfunden und skizzirt, hierauf sorgfältig cartonirt, und zuletzt von zarter Frauenzimmerhand (Luise Seidler) gemalt, in der freundlichen Rochus-Kapelle günstig aufgenommen.*
Am 1. Februar 1816 schreibt er an Pauline Servière: *Die erste Kunstfrucht des wiedererworbenen Friedens ist daher eine sehr wohlgerathne Zeichnung von einem vorzüglichen Meister* (Meyer), *welche im Großen auszuführen ein geschickter junger Künstler* (Luise Seidler) *bereit ist...*

Laut Theaterzettel wurde gespielt: *Der Wald bey Hermannstadt. Schauspiel von Weißenthurn.*

21 Sonnt. Quasim.

Hauswirthschaftl Vorbereitungen.
Im Garten.
Mittag Riemers.
Nach Tische mit der Riemern, der
                             Müllern,
Dlle Engels, Mme Lorzing in
                             Belvedere.
Abends allein.
Mit Zahnschmerzen herumgequält.

Sonntag, 21. April 1816

Tagebuch F. W. Riemer:
*Bei Goethes ward mein Geburtstag gefeiert, Meyer zu
Tisch. Hernach mit Goethe und dem Kammerrat nach
den Gelmeröder Steinbrüchen, Teile eines Elefanten-
kopfes ausgegraben.*

Charlotte von Schiller an Knebel, 24. April 1816: *Sein
Sohn und Ernst haben wieder Spuren eines Elefanten gefunden. Darüber ist große Freude, und Goethe, Meyer
und Riemer sind auf die Stelle gewallfahrtet und haben
Nachsuchungen angestellt ...*

Tagebuch Ernestine Engels:
*Nachtisch fuhren wir mit der Goethen, Riemer und
Müller nach Belvedere; Lungershausen kam mit Lort-
zing nach. Wir aßen den Abend bei der Goethen, aber
Lungershausen nicht; sie bat ihn nicht. Heut kam die
Heygendorf an.*

22 Mondt. Sotherus

Wirthschaftl. Anordnungen.
Im Garten.
Mittag für uns.
Die übrige Zeit wegen Zahnweh
im Bette.

Montag, 22. April 1816

Tagebuch J. W. Goethe:
Spazieren gefahren. Mittag für uns ... Im Garten.
Abends allein

Im Hoftheater wurde an diesem Abend gespielt: *Die*
Brandschatzung. Lustspiel in einem Aufzuge, von Kot-
zebue. Hierauf: Zwey Worte, oder: Die Nacht im Walde.
Operette in einem Aufzuge, Musik von d'Allayrac.

23 Dienst. Georg

Hauswirthschaftl. Vorbereitungen.
Im Garten.
Madme Kaempfer.
mittag für uns.
Nachmittags u. Abends Zahn-
schmerzen.

Dienstag, 23. April 1816

Bis zuletzt sorgt Christiane Goethe für die Gärten; den am Haus, den am Stern, und für das Krautland nördlich vom Lottenbach.

Tagebuch J. W. Goethe:
Rat Vulpius von Jena retour. Einladung zur Tafel. Spazieren gefahren. Bey Kanikoff mit von Plessen, von Gersdorff, Seebach, Fritsch, Lyncker, Riedesel zu Tisch.

24 Mittw. Albrecht

Wirthschaftl. Anstalten.
Das Zahnweh nachgelassen.
Im Garten.
Frau von Heygendorff.
Mittags für uns.
Minchen bey mir genäht.
Um 4 die Menagerie im Alexanderhof.
Abends, im Wildfang.

Mittwoch, 24. April 1816

Frau von Heygendorf ist am 21. April nach längerer Abwesenheit nach Weimar zurückgekehrt.

Frau von Heygendorf, eigentlich Caroline Jagemann, ist mit Christiane Goethe in derselben Gasse aufgewachsen. Seit 1797 Schauspielerin und Sängerin am Weimarer Theater. Mätresse des Herzogs Carl August. Christiane schreibt am 17. Juni 1803 aus Lauchstädt an Goethe: *Ich ließ der Jagemann den Wagen anbieten... Die Oper ging recht gut... Jagemann und ihre Gespielen mußten das Quartett »Kind, höre meine Lehren« da capo singen, und die Jagemann hat großen Beifall eingeerntet.*

Auf eine enge Verbindung zwischen Caroline Heygendorf und Christiane Goethe deutet eine Bemerkung Goethes in seinem Brief vom 13. August 1810 an seine Frau hin: *Empfiehl mich Frau von Heygendorf und wünsche ihr Glück zum jungen Sohn. Du wirst ihr ja auf allerlei Weise assistiren.*

Zu Goethe, dem Theaterdirektor, hatte die Schauspielerin als Iffland-Schülerin ein gepanntes Verhältnis. Christiane fiel die Rolle zu, zwischen beiden zu vermitteln.

Minchen: das Ostern entlassene Dienstmädchen.

Tagebuch J. W. Goethe:
Um 4 Uhr in der Menagerie.

Im Hoftheater wurde gespielt: *Der Wildfang. Lustspiel in drei Aufzügen.*

25 Donn. Marc Ev.

Wirthschaftl. Anordnungen.
Große Waesche.
Prof. Bachmann.
Dlle Bervisson.
Spazieren gefahren.
Frau von Stein,
Mittags für uns.
Im Garten.
Spiel: die Müllern, die Riemern und
H. A. Büttner.

Donnerstag, 25. April 1816

Prof. Bachmann: Karl Friedrich Bachmann, Philosoph in Jena.
Christiane Goethe schreibt am 8. März 1815 aus Jena an Goethe: *Bachmann ist fast jeden Abend da.*

26 Freyt. Cletus

Schreckliche Nachricht von dem
Berkal. Brande.
Hauswirtschaftl. Vorbereitungen.
Mittags für uns.
Nachmittags Theegesellschaft.
v. Niebeckers u. Hofr. Meyer.

Freitag, 26. April 1816

»Weimarisches Wochenblatt« Nr. 35 vom 30. April 1816: *Bitte für Unglückliche. Diesen Morgen, gleich nach 12 Uhr, traf das Städtchen Berka an der Ilm, das unbeschreiblich große Unglück, daß es bis auf wenig Häuser, ein Raub der Flammen wurde. Wenigstens 100 Familien irren ohne Obdach, Lager, Brod und Futter für ihr Vieh, hülflos und Besinnungslos herum. Viele dürften vielleicht ganz verzweiflen, wenn ihnen nicht die schleunigste Hülfe guter Nachbarn und guter Menschen zu Theil werden sollte. Ich ersuche daher jeden edlen und biedern Mitbürger meines Vaterlandes nach Kräften und Vermögen die armen Unglücklichen durch milde Beiträge baldigst zu erfreuen und Thränen zu trocknen. Ich werde für gewisenhafte Vertheilung mit Zuziehung des hiesigen Grosherzogl. Amts-Personale pflichtmäßigst Sorge tragen. Berka, den 26. April 1816. Elle. Pfarrer.*

Christiane Goethes Ausgabenbuch unter der Rubrik *Gaeste: Theegesellschaft 2 Taler 12 Groschen.*

Familie von Niebecker in Weimar. Am 14. Juni 1810 berichtet Christiane Goethe ihrem Mann aus Weimar von Unterrichtsstunden bei einem neuen Tanzmeister. *Es ist allemal bei jedem Mitglied abwechselnd große Tanzstunde ... Bei der jetzigen Gesellschaft sind Niebeckers ...*

27 *Sonnab. Anastas.*

Wirthschaftl Anordnungen.
Im Garten.
Mittags für uns.
Nach Tisch nach Berka!!!
Schreckl. Verheerungen des Brandes.
Abends spät retour.

Sonnabend, 27. April 1816

Tagebuch J. W. Goethe:
Mittags für uns. Nach Tisch nach Berka gefahren ...
Abends spät zurück.
An Zelter schreibt er am 3. 5. 1816: *Das gute Berka an*
der Ilm ... ist vom 25. auf den 26. April von der Erde
weggebrannt ... Alle des Organisten alte ... Bache
und Händel sind verbrannt.

In der Nr. 37 vom 7. Mai 1816 ist folgende Notiz zu
lesen: *Es hat sich heute eine Frau aus einem Dorfe jen-*
seits des Ettersbergs hier betreten lassen, welche unter
dem Vorgeben, daß sie von Berka und abgebrannt sey,
Almosen eingesammelt hat. Bey Bekanntmachung die-
ser Ungebühr, wird für ähnlichen Betrügereyen unter
Androhung von Zuchthausstrafe und öffentlicher
Zwangs-Arbeit gewarnt, zugleich aber wird das Betteln
überhaupt, worüber neuerer Zeit, bey der geordneten
gesetzlichen Strafe, welche vorkommenden Falls unab-
bittlich vollzogen werden soll, nochmals verboten.
Sign. Weimar, den 4. May 1816. Grosherzogl. S. Lan-
des-Direction das. Karl Hufeland.

Im Hoftheater wurde gegeben: *Fanchon, das Leyermäd-*
chen. Operette in drei Aufzügen, nach dem Französi-
schen, Musik von Himmel.

28 Sonnt. Mis. Dom.

Wirthschaftl. Vorbereitungen.
Im Garten.
Mittags: Dr. Schützens, Riemers, von
Boyneburg, von Mansbach.
Abends bey Dlle Engels.

Sonntag, 28. April 1816

Tagebuch J. W. Goethe:
*Im Garten. Frau von Stein. Mittag Schützens, Riemers,
von Boyneburg, von Mansbach … Nach Tische von
Fritsch, Coudray, August. Abends Riemer.*

Schützens: Der Theologe und Schriftsteller Johann Stephan Schütze und seine Frau Wilhelmine, seit 1804 in
Weimar. In einem Brief vom 11. Juli 1815 nach Karlsbad
bittet Goethe Christiane, Schützens zu grüßen, … *die
wohl noch da sind.*

Ernestine Engels Tagebuch vermerkt den Besuch Christiane Goethes nicht.

29 Mondt. Sibylla

Wirthschaftl. Anordnungen
Mdme Lorzing.
Im Garten.
Mittags allein.
Dlles Kaempffers.
Frau von Stein.
Fr. Prof. Riemer.
Des Haßes und der Liebe Rache.

Montag, 29. April 1816

Tagebuch J. W. Goethe:
*Mit Riemers nach Tiefurt. . . . Mittag für uns. Frau von
Stein. Im Garten. . . . Abends (. . .) Meyer.*

Laut Theaterzettel wurde gegeben: *Des Hasses und der
Liebe Rache. Schauspiel in fünf Aufzügen, aus dem Spa-
nischen Kriege, von Kotzebue.* Es spielten die Herren
Graff, Lortzing, Durand, Deny, Klingmann, Oels, E. Genast, Frau Lortzing, Ernestine Engels u. a.

30 Dienst. Eutropius

Wirthschaftl Anordnungen.
Im Garten den ersten Spargel
                    gestochen.
Spazieren gefahren.
Mittags für uns.
Die Jungfer aus meinen Diensten
                    entlassen.
Frau von Stein u. Fr. von Schiller
Dlle Kaempfer.
Abends allein.

Dienstag, 30. April 1816

Von Spargel ist in den Briefen zwischen Christiane und Goethe immer wieder die Rede. Am 3. April 1807 schreibt Goethe an seine in Frankfurt weilende Frau: *Was die häuslichen Dinge betrifft, so ist das Spargel-quadrat ... umgegraben, obgleich die Witterung keineswegs günstig ist und wir wieder starken Schnee gehabt haben.*

Christiane Goethes Ausgabenbuch verzeichnet den Kauf von Spargel am 2., 10., 20. und 27. April sowie am 4. und 8. Mai 1816. Ein Beweis dafür, daß Spargel in der Goethe-Familie häufig auf den Tisch kam.

Maius.
1 Mittw. Phil. Jac.

Wirthschaftl Anordnungen.
Im Garten.
Spazieren gefahren.
Mittags ~~für uns~~ *BadeInspector.*
Mad. Lorzing.
Frau von Stein u. Frau von Schiller.
Abends die Drillinge.

[Rechte Seite:]
Brief an Ramann wegen 1/2 Eymer
    Würzburger und 1/2 E. rothen Elsaßer.

Mittwoch, 1. Mai 1816

Goethe an Knebel: *Hauptsächlich beschäftige ich mich gegenwärtig mit meiner italienischen Reise und habe mich in der letzten Zeit gar vergnüglich in Sizilien aufgehalten.*

Tagebuch J. W. Goethe:
Die Drillinge.

Laut Theaterzettel wurde im Hoftheater gegeben: *Zum Erstenmahle: Die Drillinge. Lustspiel in vier Aufzügen, nach dem Französischen, von Bonin.* Ernestine Engels spielte die Rolle der Gastwirtin.
An diesem Abend besucht Christiane Goethe zum letzten Mal gemeinsam mit ihrem Mann die Vorstellung.

Christiane Goethe diktiert vermutlich dem Schreiber, damit er Goethe den Brief an Ramann zur Unterschrift vorlegt.
Am 2. Mai 1816 geht ein Brief Goethes an Ramann nach Erfurt ab.
Durch Überbringer dieses bitte mir einen halben Eimer Würzburger und einen halben Eimer roten Elsasser gefällig aus. Die fehlenden Lücken meines Weinlagers schleunig auszufüllen, tut diesmal mehr Not als je. Freundlich alles Schöne wünschend Weimar d. 2. Mai 1816 J. W. v. Goethe.

Über den Weinkeller am Frauenplan wurden genaue Listen geführt, über Zugänge und Abgänge. Als Christiane 1807 in Frankfurt weilt, schreibt Goethe ihr am

30. März: *Mit dem Keller geht es sehr ordentlich. Der Gnome pflegt mich genau zu beobachten, ob ich etwa mich um ein Nößel irren möchte; und so wirst Du die Tabellen mit dem Vorrath übereinstimmend finden.*

Am 13. Mai 1812 schreibt Goethe aus Karlsbad an seine Frau: *Vor allem aber rathe ich Dir, Deinen Weinbedarf mitzubringen, weil dieser Artikel dieses Jahr, wegen des zu unserem Nachtheil schwankenden Curses, unerträglich theuer werden müßte. Ein sehr mäßiger Melniker kostet jetzt schon die Flasche 13 Groschen 6 Pfennige Sächsisch.*

Das Weinbuch des Goethe-Hauses verzeichnet im Mai 1816 u. a. Ausgaben für: *Burgunter, Elsasser, Würtzburger, Frankfurter Reinwein.*

2 Donn. Sigismund

Eine neue Jungfer gemiethet.
Im Garten.
Bey Frau von Heygendorf.
Spazieren gefahren.
Mittags Lieut. von Knebel.
Frau von Stein.
Abends bey Lungershausens

Donnerstag, 2. Mai 1816

Die neue Jungfer heißt Christiane Rolsch. In der Quartalsrechnung ist *Mietgeld* für sie verzeichnet.

Tagebuch J. W. Goethe:
Im Garten. Spazieren gefahren. Lieutnant von Knebel zu Tisch. Herr von Mellish. Frau von Stein. Meyer.

Tagebuch Ernestine Engels:
Früh Probe von Theodor. Nach der Probe zur Goethen, wo Unzelmanns und Deny hinkamen …

Karl Wilhelm von Knebel, Leutnant. Sohn von Luise Rudorff, sie gebar ihn unehelich mit neunzehn, der Vater war Herzog Carl August, sie wurde als Kammersängerin entlassen, die Herzoginmutter Anna Amalia ließ ihr ein Ruhegehalt von 300 Talern zukommen. Karl Ludwig von Knebel übernahm mit der Heirat 1798 die Vaterschaft. Christiane und Goethe waren Karl Knebel freundschaftlich verbunden. Goethe schreibt am 15. Januar 1811 aus Jena an Christiane: *Heute ist Karl Knebels Geburtstag. Er wird 15 Jahr alt, und ist als Studiosus inscribirt worden.*

3 Freyt. Erfindung

Wirthschaftl. Anordnungen.
Burgunder abgezogen.
Hr. Lorzing.
In Belvedere.
Fr. Hofräthin Westermeyer.
Dlle Müller. Mad. Riemer und
Räthin Vulpius zum Spiel.

Freitag, 3. Mai 1816

Christiane Goethes Ausgabenbuch unter der Rubrik *Almosen: Almosen den abgebrannten Berkaern 22 Groschen, 8 Pfennige.* Unter dem Datum 28. Mai nochmals: *Einer abgebrannten Berkaerin 22 Groschen 8 Pfennige.*

Tagebuch J. W. Goethe:
Den 10. Band meiner Werke redigirt. In Belvedere. Mittags für uns ... Abends Riemer.

Irrtümlich *Westermeyer.* Goethe verzeichnet an diesem Tag den Besuch der Hofrätin nicht in seinem Tagebuch, erwähnt ihren zweiten Besuch am 6. Mai: *Frau Hofrätin Westermayr.*

4 Sonnab. Florian

Wirthschaftl. Vorbereitungen.
Unpaß.
Mittags: Sturms und ihr Eleve Lieut.
von . . . . .
Madme Lorzing.
Abends mit Fr. Prof. Sturm u.
                    Oberbaudirect
Coudray im Graf v. Burgund

Sonnabend, 4. Mai 1816

Goethe fuhr für einen Tag nach Jena, sein Tagebuch vermerkt: *Tour nach Jena. Neuste Staatsereignisse.*

Tagebuch Ernestine Engels:
Früh Probe vom Grafen von Burgund. Nach der Probe zur Goethen; sie bat mich zu Tische, wo Sturms und ein interressanter junger Mensch aßen. Ich spielte und sang. Nach Tisch kam auch die Lortzing.

Im Hoftheater wurde gespielt: *Der Graf von Burgund. Schauspiel in vier Aufzügen, von Kotzebue.*

5 Sonnt. Jubilate

Wirthschaftl. Anstalten.
Regen und kalt, deshalb meist in dem
geheitzten Zimmer.
mittags für uns.
Nach Tisch mit der Riemern, der
Lorzing'n und Dlle Engels in
                    Belvedere.
Lorzing und Moltke zu Fuße nach
                    Belvedere.
Abends bey Lorzings.

Sonntag, 5. Mai 1816

Tagebuch Ernestine Engels:
Nach Tisch holte ich die Lortzing ab. Wir fuhren mit der
Goethen und Riemer nach Belvedere.

6 Mondt. Joh. Pfort

Wirthschaftl Vorbereitungen
Mittags Hofräthin Westermeyer und
Riemers.
Über Tisch Anfall von Magen-
                        krämpfen.
Abends in Reue und Ersatz.

Montag, 6. Mai 1816

Im Hoftheater wurde gespielt: *Reue und Ersatz. Schauspiel in vier Aufzügen, von Vogel.*

7 Dienst. Gottfried

Wirthschaftl. Anordnungen.
Mittags für uns.
Nach Tisch mit Mdme Kaempfer
spazieren gefahren.
Abends: Hr. von Groß. von Hopfgarten
Fr. Prof. Riemer Dlle Müller.

Dienstag, 7. Mai 1816

Tagebuch J. W. Goethe:
Um 1/2 10 Uhr beym Großherzog ... Mittag für uns.

Anzeige im »Weimarischen Wochenblatt« Nr. 37 vom
7. Mai 1816: *Da das Wegfangen der Singvögel, inson-
derheit der Nachtigallen, überhand zu nehmen scheint,
so werden die desfallsigen ältern Verbote mit der Bedro-
hung wiederholt, daß dasselbe mit Gefängniß und nach
Befinden körperlicher Züchtigung bestraft werden soll.
Die Gensd'armerie ist deshalb zur Aufsicht angewiesen
worden, und es werden auch die Gartenbesitzer und die
Jägerey aufgefordert, auf das Wegfangen der Singvögel
und Ausnehmen ihrer Nester aufmerksam zu seyn und
diejenigen, welche sich solches zu Schulden kommen lassen, zur Bestrafung anher anzuzeigen.*

8 Mittw. Stanisl.

Hauswirthschafl. Anordnungen.
Hr. Lorzing
Dlle Seidler.
Mittags Dlle Seidler.
Mit selbiger spazieren gefahren.
Abends die Großmama u. d. reisende
                              Studente.

Mittwoch, 8. Mai 1816

Tagebuch J. W. Goethe:
Abends für mich.

Tagebuch Ernestine Engels:
Probe von der Großmama. – Ins Theater; die Vorstellung ging gut bis zuletzt. Die Schnure ging nicht los; ich mußte abgehen und jemand rufen.

Im Hoftheater wurde gespielt: *Die Grosmama. Lustspiel in einem Aufzuge, von Kotzebue. Hierauf: Der reisende Student, oder: Das Donnerwetter. Komisches Singspiel in zwei Aufzügen, Musik von Winter.*

9 Donn. Hiob

Wirthschaftl Anordnungen.
Wegen unfreundl. Witterung
                            verdrüßlich.
Mittag für uns.
Abends Lorzings, die Müllern und
                    Riemern zum Spiel.

Donnerstag, 9. Mai 1816

Tagebuch J.W. Goethe:
Die Aufgeregten nochmals durchgegangen. Genast.
Mittag für uns.

Goethe an Boisserée: ... *kann ich vor Johannis von hier*
nicht weg, auch möcht ich wohl einmal einen Sommer zu
Hause bleiben, ich komme sonst in meinem Leben we-
der mit meinen Kunstbesitzungen noch mit meinen wis-
senschaftlichen und andern Arbeiten zu Stande und
Ordnung.

10 Freyt. Epimachus

Hauswirthschaftl. Besorgungen.
Noch immer wegen kalter regenhafter
unfreundlicher Witterung kränklich.
Der Shawl angekommen.
Mittag für uns.
In Belvedere mit Lorzings
Lorzings u. die Riemern zum Spiel.

Freitag, 10. Mai 1816

Tagebuch Ernestine Engels:
Nach der Probe zur Goethen; die Riemer, Müller und
Vulpius waren dort.

11 *Sonnab. Mamertus*

Hauswirthschaftl. Anstalten.
Zu Hause.
Etwas freundlicher Wetter.
Mittags für uns.
Um 3 U. der G. R. nach Jena.
In Belvedere: die Lungershausen
die Riemern u. Müllern.
Abend: König Theodor.

Sonnabend, 11. Mai 1816

Christiane Goethes Ausgabenbuch verzeichnet unter der Rubrik *Gaeste: ein Kapaun 10 Groschen.* Unter der Rubrik *Allerley: Meßgeld für Kram.*

Goethe an Herzog Carl August: ... *gnädigster Äußerung zu Folge begebe mich heute nach Jena um dort in loco die bekannten Gegenstände aufmerksam zu betrachten und zu Höchstihro Empfang einiges vorzubereiten.*
Tagebuch J. W. Goethe:
Um drey Uhr abgefahren. Zeitig in Jena. Ausgepackt, geordnet. Zu Knebel.
Goethe bleibt bis zum 29. Mai in Jena.

die Lungershausen: gemeint ist möglicherweise die Mutter oder eine Verwandte des Weimarer Theologen Carl Theodor Lungershausen.

Im Hoftheater wurde gespielt: *König Theodor zu Venedig. Oper in zwei Aufzügen, Musik von Paisello.*

12 Sonnt. Cantate

Wirtschaftl. Gedanken.
Die Müllern
Mit der Riemern spazieren
Mittags bey Riemers.
In Belvedere.
Abends Lorzings bey mir.

Sonntag, 12. Mai 1816

Tagebuch J. W. Goethe:
Zu Hause gegessen. Mit Voigt in den botanischen Gar-
ten ... Für mich. Den Gang des Geschäfts durchgedacht.

13 Mondt. Servat.

Wirthschaftl. Sorgen.
Dlle Engels.
Fr. Prof. Riemer.
Dlle Engels zu mittag.
Dieselbe bis Nachmittag bey mir.
Mad. Lungershausen
Mit selbiger in Reue und Ersatz.

Montag, 13. Mai 1816

Tagebuch Ernestine Engels:
Früh Probe von Reue und Ersatz. Nach der Probe zur Goethen; sie war nicht da. Ich ging durch den Park und begegnete sie mit der Riemer. Wir gingen zusammen zur Goethen; sie bat mich zu Tische. Nachtisch mit rauf zum Kammerrath.

Tagebuch J. W. Goethe:
Überlegung was zu thun sey. Mit Färber Verabredung wegen der Repositorien. Die Schädel von Romstedt ausgepackt. Das Scelett geordnet. Rentamtmann Kühn wegen des Etats. Mit ihm in Döbereiners Haus. Durchs Paradies zu Knebel. Fortsetzung der Arbeit in den Museen. Bey Bergrat Voigt. Weniges gegessen. Unterhaltung mit Döbereiner. Serenissimus kamen spät. Conversation bis nach 10 Uhr.

Der Theaterzettel verzeichnet: *Reue und Ersatz. Schauspiel in vier Aufzügen, von Vogel. Herr Hölken, Grosherzogl. Darmstädtischer Hofschauspieler, wird den Carl Baum, als Gastrolle geben.*

14 Dienst. Christian

Wirthschaftl. Anordnung.
Das ganze Haus gereinigt und geputzt.
Mittag für uns.
Nach Tisch mit der Riemern spazieren
                              gefahren.
Abends gespielt: Hr. Lorzing, die
Riemern und die Engels.

Dienstag, 14. Mai 1816

Tagebuch J. W. Goethe:
Mittag große Tafel ... Abends Gesellschaft bey Serenissimo.

Da Goethe allergisch auf Lärm und Unordnung im Haus reagierte, war Christiane stets darauf bedacht, Hausputz oder Malerarbeiten, Reparaturen und Umbauten in seiner Abwesenheit vornehmen zu lassen.
Christiane an Goethe am 25. Juni 1810: *Das große Zimmer ist auch wieder gemalt ... jetzt bin ich daran, die Möbels in Ordnung zu bringen, und lasse alle Thüren und Einfassungen im Zimmer wieder bohnen. Auch werden alle Öfen umgesetzt und der Kochofen ganz neu reparirt, damit, wenn Du wiederkommst, alles in der größten Ordnung ist.*
Goethe an Christiane am 7. September 1812: *Zur Ordnung im Haus gratulire ...*

15 Mittw. Sophie

Wirthschaftl. Anordnungen.
Voranstalten zur Carlsbader Reise
Freundliches Wetter.
Im Garten.
mittags für uns.
Mit der Lorzing spazieren gefahren.
Mit selbiger in der Loge. Die
                    3. Gefangnen.

[Rechte Seite:]
Brief an den Geh. Rath nach Jena.

[Brief Christianes an Goethe:]
Tausend Dank für alles Überschickte. Bei uns
ist alles in Tumult, der Zauberlehrling ist in
allen Zimmern eingekehrt; Deine Zimmer sind
aber alle schon fertig. Minchen ist mit Arbeit
noch ganz beschäftiget.
Der neue Schauspieler ist, wie Du weißt, sehr
hübsch und hat sehr lebhaft gespielt gegen
unsern. Hier folgen auch noch 6 Bouteillen
Wein. Lebe wohl und denke mein. C. v. Goethe.

Mittwoch, 15. Mai 1816

Eine Kurreise nach Karlsbad, die Christiane Goethe wie im Vorjahr vermutlich ohne ihren Mann und in Begleitung der Gesellschafterin Madame Kirsch machen sollte.

Christiane Goethe hat den Brief dem Bibliotheksschreiber Johann Michael Bernhard Franke diktiert. Nur der Namenszug und die letzte Zeile sind von ihrer Hand.

Zauberlehrling: Anspielung auf Goethes gleichnamige Ballade. Auch in Briefen von August Goethe für das Großreinemachen am Frauenplan gebraucht.

Worum es sich bei dem *Überschickten* gehandelt hat, ist nicht überliefert.

Schauspieler: Hölken, der am 13. Mai als Gast in »Reue und Ersatz« spielte.

Im Hoftheater wurde gespielt: *Die drei Gefangenen. Lustspiel in fünf Aufzügen, nach dem Französischen, von Wolff.*

16 Donn. Sara

Wirthschaftl. Beschäftigungen.
Einige Besuche abgestattet.
Mittags für uns.
Nach Belvedere mit der Riemern, der
                                    Müllern
und meiner Schwägern
Abends mit selbigen gespielt.

Donnerstag, 16. Mai 1816

Tagebuch J.W. Goethe:
Beschäftigte mich zu Hause ... saß bey Tafel neben Danz.

17 Freyt. Jodocus

Wirthschaftl. Anstalten.
Unpaß.
Einige Visiten in der Stadt.
Mittag für uns.
Wegen Unpäßlichkeit zu Hause
und allein.

Freitag, 17. Mai 1816

Christiane Goethes Ausgabenbuch unter der Rubrik *Almosen: der lahmen Kleine 5 Groschen 8 Pfennige.*

Goethe, noch immer in Jena, notiert: *Zu Knebel. Fand die Prinzeß Marie in Harras Garten. Mittag für mich ... In Griesbachs Garten. Regenwetter. Scherz mit den Kindern über Wetterveränderung. Abendessen. Finstere kalte Nacht.*

Tagebuch Ernestine Engels:
Vormittag zur Goethen und mit ihr zur Riemer. – Nach Tisch zur Probe ... Nach der Probe zur Goethen; die Riemer war schon dort, der Kammerrath auch. Wir spielten; nachher kamen auch Lortzings.

18 Sonnab. Liborius

Wirthschaftl. Anstalten.
Brief vom Geh. Rath.
Mittag für uns.
Nachmittag Pfeffels Erzählungen.
Abends gespielt Lorzings.

[Rechte Seite:]
Brief an den Geh. Rath nach Jena.

[Brief Christianes an Goethe:]
Ich freue mich unendlich, daß Dirs gut geht,
denn das ist ja unser aller Glück. Daß Du das
vorige Mal nicht mehr geschrieben hast, war
nicht meine Schuld; Kräuter, der mich am
besten versteht und in meiner Correspondenz
der Brauchbarste ist, war an diesem Tage früh
weggefahren, und ich sah mich genöthigt, um
Dir doch nur einiges zu schreiben, Franken von
der Bibliothek holen zu lassen, mit dem ich
nicht so recht fertig werden konnte, daher die
wenigen Zeilen. Jetzt aber, da nur Kräuter
wieder zur Hand ist, hoff ich, soll es besser
fließen.
Die Bestätigung Deines Wohlbefindens aus

Sonnabend, 18. Mai 1816

Goethes Brief an Christiane ist nicht überliefert.

Tagebuch J. W. Goethe:
Zu Demoiselle Seidler. An das neue Thor. Zu Knebel.
Kam Meyer. Zusammen spazieren gegangen gegen Lich-
tenhain ... Brief und Sendung von Weimar.

Im Hoftheater wurde gegeben: *König Theodor zu Vene-*
dig. Oper in zwei Aufzügen, Musik von Paisello. Christiane Goethe hatte diese Oper bereits am 11. Mai ge-
hört.

dem Munde des Canzler Müller hat mich sehr vergnügt. Auch ich befinde mich leidlich; ich benutze jeden Sonnenblick, um in freie Luft zu kommen, die mir so wohl thut. Im Allgemeinen aber ist die gegenwärtige Witterung in unserm Thale nicht die angenehmste, es ist kühl, naß, windig, alles auf einmal.

Dein Garten steht gegenwärtig in seiner größten Pracht, und es macht wirklich verdrüßlich, daß die üble Witterung so wenig im Freien zu sein erlaubt. Die Äpfelbäume blühen in höchster Fülle, es steht Blüthe an Blüthe, die Rabatten vor Deinen Fenstern schmücken die schönsten gefüllten Tulipanen, deren schöne Farben die stolzen Kaiserkronen verdunkeln, und trotz der geringen Wärme und den kühlen Nächten reift doch alles der Vollkommenheit entgegen. Möge Dich die schöne Blüthe in Jena für diese Entbehrung reichlichst entschädigen. Wäre nur recht viel Neues und Interessantes bei uns vorgefallen, meine Feder sollte nicht ermüden, Dir alles haarklein zu erzählen; so aber fehlt es mir gänzlich an dergleichen, alles geht seinen ruhigen Gang fort, und was ich Dir ja noch würde erzählt haben, das hat mir schon August in seinem Briefe, über dessen Länge Du Dich dießmal freuen wirst, weggenommen. Nun lebe wohl und vergnügt. C. v. Goethe

Goethe an Zelter aus Jena am 25. Mai 1816: *Meine Zu-*
stände, nach denen du dich freundlich erkundigst, sind
auf gutem Fuße. Die Oberaufsicht über alle unmittel-
baren Anstalten für Wissenschaft und Kunst, ist mir
mit allem andern, dem Theater pp. geblieben. In utili
et honorifico bin ich auch vorgeschritten. Mein Sohn
desgleichen, den ich auf einer sehr guten Bahn, ruhig
und stät vorschreiten sehe. Du siehst daß ich alle Ur-
sache habe zufrieden zu seyn.

19 Sonnt. Rogate

Wirthschaftl. Gedanken.
Ziemlich wohl.
Um 8 Uhr plötzlich beym Ankleiden
eine starke Ohnmacht, eine Art
                              Blutschlag
der mich besinnungslos zu Boden warf.
Ärztliche Hülfe. Huschke u. Kämpfer.
Aderlaß. Spanische Fliege.
Bald wieder ganz heiter und munter.
Den übrigen ganzen Tag im Bette.

Sonntag, 19. Mai 1816

Christiane Goethes Ausgabenbuch: *Stadelmanns ausständiges Biergeld 8 Groschen, Mützenfabrikant Pfaff
2 Taler 8 Groschen, Backerlohn 12 Groschen.*

Leibchirurg Kämpfer und Hofmedikus Dr. Huschke waren Hausärzte der Familie Goethe. Huschke war es seit
1790.
Christiane an Goethe am 25. August 1814: ... *es wurde
mir von Huschken gerathen, nach Berka zu gehen und
ordentlich zu baden, und habe Selterwasser getrunken
des Morgens.*

Goethe, noch immer in Jena, notiert in sein Tagebuch:
*In Griesbachs Garten. Die Prinzessinnen erwartet. Dro-
hende Gewitter. Tafel ... Nach Hause ... Zu Knebel.
Alte Geschichten.*

20 Mondt. Athanas.

Erlaubniß des Arztes außer Bett zu
                              bleiben.
Ziemlich wohl, stark verminderter
Blutandrang, es war mir sehr leicht.
Mittag für uns.
Mit Mdme Kaempfer spazieren
                              gefahren.
Gespielt: Dlle Engels, die Riemern und
                meine Schwägerin.

Montag, 20. Mai 1816

August von Goethe an seinen Vater: *Ich muß Ihnen melden, daß die Mutter gestern nicht ganz wohl war ... Sie ist heute wieder hergestellt ... Sie können ganz ruhig bleiben. Ihr August von Goethe – in Eile den 20 ten Mai 1816.*

Im Hoftheater wurde gespielt: *Das Porträt der Mutter, oder: Die Privatcomödie. Lustspiel in vier Aufzügen, von Schröder.*

21 Dienst. Prudent

Haeusliche Beschaeftigungen.
Ziemlich wohl.
Diaconussin Jaegerow.
Mittag für uns.
Spazieren gefahren mit Mad. Kaempfer.
Abends die Lungershausen, die
                              Riemern
und die Müllern zum Spiel.

Dienstag, 21. Mai 1816

Goethe an Zelter: *Mein Befinden verlangt die größte Gleichheit im Leben und Genießen.*

Tagebuch J. W. Goethe:
Briefe. Staatsminister von Voigt. August. Mutter... Huschke bessere Nachricht vom Hause. Kam die Großherzogin dann der Großherzog... Tafel ... Zu Hause mit Meyern. Die Fische in frischen Brantwein. Beide Voigts und von Münchow gegenwärtig. Abendunterhaltung. Tafel.

Der Brief des Arztes Dr. Huschke über Christianes Zustand ist nicht überliefert.

22 Mittw. Helena

Wirthschaftl. Sorgen.
Nachricht von dem Geh. Rath von
Jena.
Dlle Engels.
Mittag für uns.
Nachmittag allein.
Abends in der jähzornigen Frau
Fr. von Heygendorf,
und im Puls mit Mad. Kämpfer.

[Rechte Seite:]
Brief an den Geheim. Rath nach Jena.

[Brief Christianes an Goethe:]
Lieber Geheimerath!
Ich habe Dich um Verzeihung zu bitten, daß ich
Deinen gut gemeinten Rath wegen des Ader-
lasses nicht schleunig genug nachgekommen,
wodurch höchst wahrscheinlich ich diesem
Unfalle entgangen wäre. Ich danke Gott, daß
es so glücklich überstanden ist. Gegenwärtig
befinde ich mich ziemlich wohl, der Kopf ist
mir sehr leicht, alle Sinne sind frei und heiter,

Mittwoch, 22. Mai 1816

Goethes *Nachricht* an seine Frau ist nicht überliefert.

Tagebuch J.W. Goethe:
*Zu Serenissimo ... Tafel. Abreise Serinissimi. Mit Meyer
die Sendung von Weimar.*

Tagebuch Ernestine Engels:
*Früh zur Heygendorf; dann zur Goethen, die nicht wohl
war.*

Der Theaterzettel vom 22. Mai 1816 ist nicht überliefert.

und nirgends ist mehr ein Druck oder betäu-
bende Schwere zu bemerken. Nur die spanische
Fliege incommodirt mich noch etwas.
Leb nun wohl und gedenke mein.

Champagner ist dießmal in unserm Keller gar
nicht zu finden,
Ramann hat mir noch keinen geschickt. Wert-
heimer, 2 Bouteillen, folgen anbei. C. v. Goethe

23 Donn. Himmelf. Chr.

Wirthschaftl. Anstalten.
Wehmüthige Stimmung, gegen
alles gleichgültig
Mittags mit dem C. R. allein.
Mit der Kämpfern spazieren gefahren.
Abends d. H. v. Hopfgarten, die
Riemern und Müllern, gespielt.

Donnerstag, 23. Mai 1816

C. R.: Kammerrat, der Sohn August.

Tagebuch J. W. Goethe:
Die Prinzessinnen waren im Museum. Ich aß allein.

24 Freyt. Susanna

Vorbereitungen zur großen Wäsche.
Die Stimmung von gestern.
Kraeuter zum Geh. Rath nach Jena.

Freitag, 24 Mai 1816

Tagebuch J. W. Goethe:
Mittag für mich . . . Kam Kräuter . . . In Griesbachs Garten. Den Prinzessinnen die indischen Märchen erzählt.

Anzeige im »Weimarischen Wochenblatt« Nr. 42 vom 24. Mai 1816: *Waarenlager von Alexander Elkan. Versehen mit einem neuen schönen Sortiment von Schnitt- und Modewaaren, nehme ich mir die Freiheit, mich, unter herzlichster Danksagung für das mir bisher geschenkte Zutrauen, meinen Gönnern und Freunden aufs neue damit gehorsamst zu empfehlen. Die vorzüglichsten Artikel, die ich führe, sind: Callicos, Cattune, Ginghams, Batistmouseline, Mull, Mousselin, Batist, Gaze, Wallis, Piquee, Sattinets, weiße und farbige Roben, Levantins, Florence, Gros de Naples, Reps, Casemir und wollene Tücher, große und kleine Umschlagetücher und Shawls, Petinet, Leinwand, Westen und Beinkleiderzeuge, Crepp, Nankins, worunter auch Sorten zu 5 gr., Merinos, Bombasins, Zeuge zu Sommerröcken, Bordüren, und dergl. mehr. Ich verspreche die billigste reellste Bedienung und hoffe dagegen, mit recht häufigem Zuspruch besonders zu dem bevorstehenden Jahrmarkt beglückt zu werden. Alexander Elkan, wohnhaft auf dem Markt.*

25 *Sonnab. Urban*

Sonnabend, 25. Mai 1816

Von Sonnabend, den 25. Mai, bis Dienstag, den 28. Mai, fehlen die Eintragungen. Kräuter ist zu Goethe nach Jena gereist, erst nach seiner Rückkehr am Morgen des 29. Mai werden sie fortgesetzt.

Goethe an Riemer: *Dem Frauchen meine besten Grüße. Ich werde es ihr von Herzen danken wenn sie der meinigen in diesen Momenten beysteht.*

Im Hoftheater wurde laut Theaterzettel gespielt: *König Lear. Trauerspiel in fünf Aufzügen, nach Shakespear.*

26 Sonnt. Exaudi

Sonntag, 26. Mai 1816

Tagebuch J. W. Goethe:
Abends mit Voigts bey Demoiselle Seidler.

27 *Mondt. Lucian*

Montag, 27. Mai 1816

Tagebuch J. W. Goethe:
Mit Lenz in den Museen ... Zu Demoiselle Seidler. Mit Bergrat Voigt um den Graben ... Bey den Prinzessinnen gespeist, mit ihnen nach Drackendorf. Abends allein.

Goethe an Luise Seidler zu ihrem Bild des heiligen Rochus: *Ändern Sie, liebe Freundin, nichts an dem Bilde, bis wir die Sache nochmals besprechen.*

Tagebuch Ernestine Engels:
Nach der Probe auf den Markt. Gleich nach Tisch zu Lortzings; ich ging mit ihr auf den Markt, dann zur Goethen und dann wieder auf den Markt und nun mit ihr ins Theater.

Im Hoftheater wurde laut Theaterzettel gespielt: *Der arme Poet. Schauspiel in einem Aufzuge, von Kotzebue. Hierauf: Zum Erstenmahle: Die Vettern von Bagdad. Lustspiel in einem Aufzuge.* Es spielten u. a. das Ehepaar Lortzing und Ernestine Engels.

28 Dienst. Wilhelm

Dienstag, 28. Mai 1816

Tagebuch J. W. Goethe:
Zu Demoiselle Seidler. Zu den Prinzessinnen gefahren.
Nach Tafel zu Knebel.

29 *Mittw. Mauritius*

In der Nacht von 1–4 Uhr die heftigsten
Anfaelle von Krämpfen, von starken
Ohnmachten begleitet. Hoechste
                   Lebensgefahr.
Ärztliche Hülfe. Aderlaß u. d. g.
Sehr schwach u. erschoepft.
Um 12 Uhr der Geh. Rath retour
                   von Jena.
Den ganzen Tag im Bette.

Mittwoch, 29. Mai 1816

Goethe an Gries: *Ew. Wohlgeboren haben mich aus dem regnichten Jena auf einmal in die heiterste Gegend geführt, und bis in die tiefe Nacht hat mich Ihr Calderon festgehalten... In ein herrliches, meerumflossenes, blumen- und fruchtreiches, von klaren Gestirnen beschienenes Land versetzen uns diese Werke...*

Tagebuch J. W. Goethe:
Alles eingepackt und zur Abreise vorbereitet ... Um 9 Uhr abgereist mit Kräuter. In Kötschau angehalten. 11 1/2 hier. Gefährlicher Zustand meiner Frau. Ausgepackt. Mittags mit August. Meyer und Coudray. Theatervorhang. Petersburger Zeichnungen ... Abends Riemer und Meyer.

30 Donn. Eduard

Matt und schwach.
Gegen Mittag das Bett verlassen.
Die Riemern.
Die Stube gehütet.
Bald zu Bette.

Donnerstag, 30. Mai 1816

Tagebuch J. W. Goethe:
Viel geheftet. Um 11 Uhr zu Serenissima. Zu Frau von Stein. Mittag Meyer. Meine Frau wieder außer Bett. Professorin Riemer. Briefe dictirt. Die zwey ersten Bände meiner Werke durchgegangen. Abends Riemer.

Nachsatz:

Die Tage vom 31. Mai
bis 8. Juni 1816

Mit den Worten *Bald zu Bette* bricht das Tagebuch mit dem Datum des 30. Mai 1816 ab. Christiane Goethes Zustand verschlimmert sich, sie wird das Bett nicht mehr verlassen können.

Am 31. Mai notiert Goethe in sein Tagebuch: *Rückfall meiner Frau.* Ernestine Engels schreibt: *Früh ging ich zur Heygendorf. Nachher zur Goethen, die sehr krank war. Der Geheimerat bat mich, da zu bleiben. Ich blieb den ganzen Tag dort. Die Riemer und Vulpius auch.*

Christiane Goethe ist von drei Frauen umgeben, die ihr nahestehen, von ihrer Schwägerin, ihrer langjährigen Gesellschafterin und der jungen Schauspielerin.

Am 1. Juni notiert Goethe: *Gefährliches Befinden meiner Frau während der Nacht.*

Am 2. Juni: *Mancherlei mundiert. Briefe u. desgl. Rhein und Mayn, 1. Heft: an Freiherrn von Stein nebst Brief; Schlosser nebst Brief: Toni Brentano; Ehrmann; v. Hügel; Willemer. Verschlimmerter Zustand meiner Frau. Minchen ward krank. Mittag Dlle Engels und Kräuter zu Tisch. Nach Tisch Paquet nach Frankfurt. Hofr. Meyer. Hofmedicus Rehbein. Verschlimmerter Zustand meiner Frau.*

An diesem 2. Juni – es ist der Pfingstsonntag – sind mehrere Frauen bei Christiane. Wir wissen es aus den Aufzeichnungen von Ernestine Engels. Sie notiert am 2. Juni: *Früh mit meiner Arbeit zur Goethen; sie war sehr krank. Die Müller und John kamen hin, später die Riemer. Ich blieb bis zur Probe dort... Beim Nachhausegehn wieder zu Goethens; sie war bis zum Tode schlecht. Die Riemer und Vulpius blieben mit mir bis*

10 *dort. Dann traurig nach Hause; ich hatte eine schlaflose Nacht.*

Auch ein Arzt, der Hofmedikus Rehbein, ist an diesem 2. Juni im Haus am Frauenplan bei Christiane. Die Anwesenheit einer Krankenwärterin ist nicht belegt.

Goethe notiert: *Eine unruhige sorgenvolle Nacht verlebt. Die Köchin dieselben Anfälle, zu Bette.* Von den sieben Angestellten im Haus sind fünf neu, sind, nach kaum einem Monat Dienst, noch unvertraut mit dem großen Haushalt. Der Ausfall der Hausherrin, die stets alle Fäden in der Hand hat. Der *haltbare Punkt fehlt*; von *Verwirrung* spricht Goethe.

Am Morgen des 3. Juni kommen die befreundeten Frauen wieder. In Ernestine Engels' Tagebuch heißt es: *Früh zur Heygendorf. Dann mit ihr zu Goethens. Sie war um weniges besser. Die Lortzing kam auch hin. Wir waren alle in der Küche, weil die Köchin auch krank war. Dann ging ich mit der Lortzing nach Hause.*

Goethe arbeitet in den hinteren Räumen. Sein Tagebuch vermerkt: *Frau von Heygendorf bei meiner Frau, die noch immer in der größten Gefahr. Mittag zu zwei. Divan. Briefe. Rhein und Mayn-Heft an von Schuckmann zu Berlin. Brief an Schadow, daselbst. Brief an von Preen nach Rostock mit Rhein und Mayn-Heft und Marmortäfelchen. Brief an Cotta nach Stuttgart. Entoptische Farben. Pflanzen-Extrakte, chemische Versuche damit. Hofr. Meyer. Zeitungen und Betrachtungen darüber. Den ganzen Tag über Minchen leidlich.*

Christiane Goethes Zustand verschlimmert sich weiter. Am 4. Juni spricht ihr Mann von *äußerster Gefahr*, in der sie sich befinde; er notiert in sein Tagebuch: *Mancherlei expediert und beseitigt. Sendung an Staatsmini-*

ster von Voigt besorgt. Brief an J. A. Barth in Breslau.
Brief an Geh. Hofr. Eichstädt zu Jena wegen Notizen
von Byron. Meine Frau noch immer in äußerster Gefahr.
Kräuter war die Nacht bei mir geblieben. Spazieren ge-
fahren mit Hofr. Meyer. Sehr kalte Luft. Zu zwei gegess-
sen. Nach Tische Kanzler von Müller. Plötzlicher hefti-
ger Fieberanfall. Ich mußte mich zu Bett legen.

Goethes Krankheit führt dazu, daß in den folgenden
Tagen offizielle Bulletins über den Gesundheitszustand
des Ehepaars Goethe im Haus am Frauenplan ausgelegt werden. Besucher, Freunde, Bekannte, Neugierige
können sich informieren und ihre Anteilnahme durch
Eintragung ihres Namens in bereitliegende Listen be-
kunden. Unter dem Datum des 5. Juni ist zu lesen: *Die*
Frau Geheimerätin befindet sich noch indemselben ge-
fährlichen Zustande, ja noch matter als bisher. Der
Herr Staats-Minister, gestern abend von einem heftigen
Fieber befallen, hat diese Nacht wohl geschlafen, und
gut transpiriert. Dieselben sind hoffentlich bald wieder
hergestellt.

 Über zwanzig Leute schreiben sich an diesem und am
nächsten Tag in die Listen ein. Die Ehepaare Voigt und
Riedel, Lasberg, Linker und Büttner. Frau Oberstallmei-
sterin von Stein, Madame Schopenhauer, die Herren
Hufeland und Kirms, Prof. Jagemann, Graf Edling, Legationsrat Bertuch, Staatsminister von Fritsch, der Dia-
conus Jaegerow und der Rittmeister von Tompson.

Goethe trägt am 5. Juni in sein Tagebuch ein: *Den*
ganzen Tag im Bett zugebracht. Meine Frau in äußerster
Gefahr. Die Köchin und Minchen leidlich. Mein Sohn
Helfer, Ratgeber, ja einziger haltbarer Punkt in dieser
Verwirrung. Kräuter die vergangene Nacht bei mir.

Das Bulletin vom Morgen des 6. Juni besagt: *Die Frau Geheimrätin liegt noch immer äußerst schwach, besinnungslos, von fürchterlichen Krämpfen gefoltert darnieder, wahrscheinlich ist ihre Auflösung nicht mehr fern. Der Herr Staatsminister hat diese Nacht wohl geschlafen, der Kopf ist frei und leicht, wird aber ohngeachtet noch heute das Bett nicht verlassen.*

... von fürchterlichen Krämpfen gefoltert ...; nach heutigen Erkenntnissen litt Christiane Goethe an Urämie, an Nierenversagen. Sie muß unerträgliche Schmerzen gehabt haben. Es sind keine Belege von Arzt- bzw. Apothekerrechnungen überliefert, die Anhaltspunkte dafür bieten könnten, wie man Christiane Goethe behandelte, ob man etwa durch starke Opiate ihre Schmerzen zu lindern suchte. Riemer spricht von einem *harten und schrecklichen Ende.*

Am 6. Juni 1816 gegen Mittag stirbt sie. Ihr Bruder Christian August Vulpius schreibt am 11. Juni ihrem einstigen Freund und Vertrauten, dem Arzt Nikolaus Meyer: *Ihre Freundin, meine Schwester, ist nicht mehr. Der Tod hat ihrer kraftvollen Gesundheit in einem schrecklichen Kampfe von fünf Tagen das Leben abgekämpft. Sie starb am 6. . . . Mittag 12 Uhr an Blutkrämpfen der schrecklichsten Art, für sie und uns.*

Goethe notiert am Sterbetag seiner Frau in seinen Schreibkalender: *Gut geschlafen und viel besser. Nahes Ende meiner Frau. Letzter fürchterlicher Kampf ihrer Natur. Sie verschied gegen Mittag. Leere und Totenstille in und außer mir. Ankunft und festlicher Einzug der Prinzessin Ida und Bernhards. Hofr. Meyer. Riemer. Abends brillante Illumination der Stadt. Meine Frau um*

12 Nachts ins Leichenhaus. Ich den ganzen Tag im Bett.
Die Totenfrau Dorothea Wagenknecht wacht von Mitternacht des 6. Juni, den Tag des siebenten über bis zum Morgengrauen des achten an Christiane Goethes Bahre. Während der Sarg gezimmert wird, näht sie das Totenkleid. Dem Stadtkirchner Sander stellt sie den Stoff in Rechnung, aus dem sie das Kleid fertigt, die Nadeln, die sie zum Nähen braucht, Semmeln und Schmalz, die sie während dieser Zeit verzehrt, und die Wachslichte, die sie brennt.

Am Morgen des 7. Juni 1816 wird im Goethe-Haus am Frauenplan folgendes Schreiben ausgelegt: *Gestern in der Mittagsstunde erschien der schmerzlich entscheidende Augenblick, der dem Leben der Frau Geheimerätin von Goethe ein Ziel setzte. Die hierdurch erregte Bestürzung und daraus erfolgte Gemütsbewegung verstattet nicht, die höchst verehrlichen und dankbarlichst anzuerkennenden Beileidsbezeugungen persönlich zu erwidern, welches besseren Zeiten vorbehalten bleiben möge.*

Am 8. Juni vier Uhr morgens wird Christiane Goethe auf dem Jakobsfriedhof beerdigt. Der Totengräber Johann Heinrich Bielcke hebt das Erdreich für das Grab aus; aber nicht an der Stelle, wo die Ruhestätte der Familie Vulpius ist, wo Christianes Großmutter, ihre Eltern, die Stiefmutter, ihre Geschwister, ihre Tante und ihre eigenen vier Kinder begraben sind. Sie kommt in ein Reihengrab, da seit 1806 auf dem Jakobskirchhof der Reihengräberzwang eingeführt ist.

Am Nachmittag desselben Tages findet in der Stadtkirche eine Feier für Christiane Goethe statt. August Goethe arrangiert, vermutlich in Absprache mit dem Vater, Beerdigung und Totenfeier. Er besorgt auch alles weitere auf dem Jakobsfriedhof, kümmert sich um das Grab seiner Mutter. In den Wirtschaftsbüchern finden sich *für die verstorbene Frau Geheimräthin* von seiner Hand eingetragene und von ihm beglichene Rechnungen für: *Maurerarbeit zur Befriedung des Grabes.* Weiter für: *Umfriedung des Grabes meiner Mutter* und für *KonsistorialGebühren desgl. KirchnerGebühren* und eine Summe *für den Gotteskasten.*

Im Kirchenbuch der Stadt Weimar steht: *Die Hochwohlgeb. Frau, Frau Johanna Christiana Sophia von Göthe geb. Vulpius, Sr. Excellenz, des Herrn Johann Wolfgang von Göthe Großherzogl. S. Weimar, wirkl. Geheimen Raths Ehegattin starb Donnerstags, den 6. Juni Mittags halb 12 Uhr, 51 Jahr 5 Tage alt, am Blutschlag, und wurde Sonnabends, den 8. ej. früh 4 Uhr Standesgemäß vom Leichenhause, und zwar mit Gesang des Chores mit der Ganzen Schule erster Classe beerdigt, der gewöhnliche Leichen-Sermon aber Nachmittags 3 Uhr von dem Herrn General-Superintendenten Voigt in der Stadtkirche gehalten.*

Goethe nimmt nicht an der Beerdigung seiner Frau teil, nicht an der Feier in der Stadtkirche. Sein Tagebuch vom 8. Juni vermerkt: *Meine Frau früh um 4 Uhr begraben.* Und: *Um 3 Uhr Collecte meiner Frau von Voigt gehalten.* Er ist wieder auf, arbeitet an diesem Tag. In einem Brief an seinen Freund Zelter, geschrieben am Beerdigungstag, heißt es: *Wenn ich dir derber geprüfter Erdensohn, vermelde, daß meine liebe, kleine Frau uns in diesen Tagen verlassen, so weist du was es heissen will.*

Bilder und Dokumente

Herausgeberin und Verlag danken dem Goethe-Nationalmuseum, dem Goethe- und Schiller-Archiv, der Stiftung Weimarer Klassik, den Kunstsammlungen, dem Thüringischen Hauptstaatsarchiv, dem Stadtarchiv, dem Kirchenamt – alle in Weimar – sowie den Historischen Kuranlagen und Goethe-Theater Bad Lauchstädt, dem Goethe-Museum Düsseldorf und dem Frankfurter Goethe-Museum für freundliche Unterstützung bei Recherche und Bildbeschaffung.

Wo nicht anders vermerkt, stammen die Abbildungsvorlagen aus dem Bildarchiv des Insel Verlages.

1. Christiane Vulpius.
Dreizehn Zeichnungen von Goethe.
Bleistift, Feder mit Sepia. Um 1788/89.
Goethe-Nationalmuseum Weimar

links: Christiane mit Schultertuch.
rechts: Christiane mit Betonung der »südländisch
anmutenden Züge«.

links: Christiane mit Schultertuch.
rechts: Nicht zu Ende geführte Skizze.

links: Gilt als »nach antiken Mustern stilisiertes Porträt«.
rechts: Gilt gleichfalls als»klassisch stilisiertes Porträt«.

links: Porträtkopf,
nach dem klassizistischen Kanon idealisiert.
rechts: Idealisierende klassizistische
Umrißzeichnung.

links: Klassizistische Umrißzeichnung.
rechts: »Dreierkopf«.

links: Kopfstudie.
rechts: Die schlafende Christiane.
Bleistiftzeichnung, 1789.

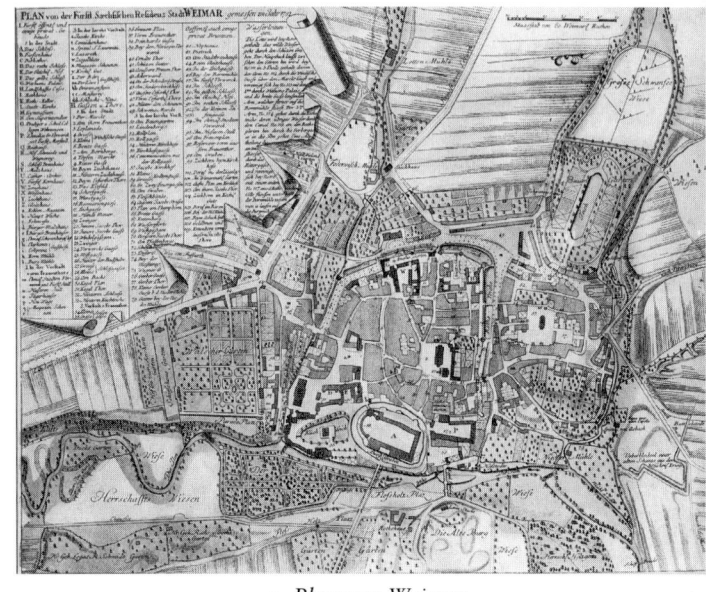

2. Plan von Weimar.
Kupferstich von F. L. Güssefeld, 1782.
Goethe-Museum Düsseldorf

3. G. M. Kraus, Blick auf Weimar
Freies Deutsches Hochstift
Frankfurter Goethe-Museum

*4. Christianes Geburtshaus in Weimar
in der Luthergasse (bis 1841 Winkelgässgen).
Aquarell von Unbekannt.
Goethe-Nationalmuseum Weimar*

5. Geburt des Bruders Christian August
am 23. Januar 1762.
Eintrag im Taufbuch der Hofkirche.
Kirchenamt Weimar

6. Eintrag über Christiana Vulpius' Geburt vom 1. Juni 1765. Taufprotokoll der Hofkirche 1755/65, Nr. 354. Kirchenamt Weimar

7. Aus Christian August Vulpius' »Geschichte
der auf der Insul Brolinghsbrogh errichteten Kolonie.
Eine Bildergeschichte«, 1772.
Goethe- und Schiller-Archiv Weimar (Eigentum: Sparkassen-
Kulturstiftung Hessen-Thüringen)

8. Kirchenbucheintrag über Geburt und Taufe von
Christianes Halbbruder Johann Sebastian Friedrich, mit
dem Beleg über die Bekanntschaft der Familien Vulpius
und Bertuch: Friedrich Johann Justin Bertuch
ist einer der Taufpaten.
Kirchenamt Weimar

9. Christiana Vulpius' Bitte um »Gnade für ihren Vater«
bezüglich seines Amtsvergehens. Eintrag in
die Registranden des Fürstlichen Hofes 1782.
Thüringisches Hauptstaatsarchiv Weimar

10. Christiana und Christian August Vulpius' Gesuch
vom Oktober 1782 um Mietzuschuß.
Thüringisches Hauptstaatsarchiv Weimar

11. *Vorlesungsmitschriften (Titelblatt)*
von Christian August Vulpius. 1782.
Goethe- und Schiller-Archiv Weimar

12. Eintrag über den Erwerb des Bürgerrechts
durch Christian August und Christiana Vulpius
am 29. Oktober 1784.
Bürgerbuch der Stadt Weimar 1726 bis 1812.
Stadtarchiv Weimar

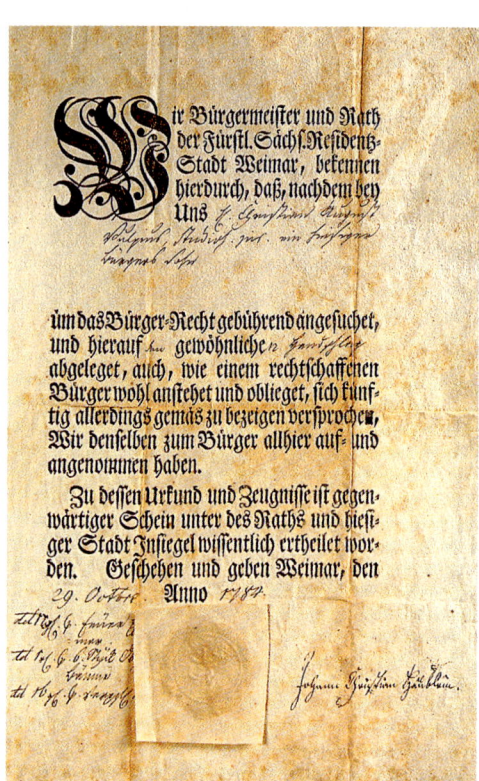

13. Bürgerbrief für Christian August Vulpius
vom 29. Oktober 1784.
Goethe- und Schiller-Archiv Weimar (Eigentum: Sparkassen-
Kulturstiftung Hessen-Thüringen)

14. Erste überlieferte Handschrift von Christiana Vulpius.
Quittung vom 11. Februar 1789.
Thüringisches Hauptstaatsarchiv Weimar

Pag 116.

Anno 1789

[Handschriftlicher Taufbucheintrag:]

Des weiland Fürstl. Sächs. Amts Archivarii allhier Herrn Johann Friedrich Vulpius nachgelassenen ehelichen einzigen Tochter erster Ehe Johannen Christianen Sophien Vulpius Söhnlein, ist gebohren am 1sten Weinachts Feiertage den 25ten Decembr. a.c. und Sonntags darauf als den 27ten dito, früh 8 Uhr, in der Sacristey der jetzigen Fürstl. Hofkirche zu St. Jacob, von dem Herrn Ober Consist. Rath und zweiten Hof-Diacono Schultze, getaufft worden.

Erhielt in der heiligen Taufe die Namen:

No: 47.   August Walther,

die einzige Taufpathe waren:

Demoiselle Juliana Augusta Vulpius,

des ... Herrn Amts Archivarii Vulpius nachgelassenen einzigen Tochter.

NB. August Goethe legitimiert per Rescriptum d.d. 19. May 1801.

15. Taufbucheintrag von Christiana Vulpius' und J. W. Goethes erstem Sohn. Eintrag als August Walther Vulpius am 25. Dezember 1789. Zusatzeintrag vom 19. May 1801 über die Legitimation des Sohnes durch Goethe. Taufprotokoll Weimarer Kirchenamt

*16. Christiane Vulpius. Bleistiftzeichnung
von Johann Heinrich Lips, um 1790.
Goethe-Nationalmuseum Weimar*

17. *Christiana Vulpius. Quittung über das von Philipp Seidel in Abwesenheit Goethes am 22. Juni 1790 erhaltene Haushaltsgeld. Goethe- und Schiller-Archiv Weimar*

18. Goethe.
Kreidezeichnung von Johann Heinrich Lips, 1791.
Freies Deutsches Hochstift
Frankfurter Goethe-Museum

*19. Eintrag im Kirchenbuch – Christiana Vulpius' und
Goethes zweites Kind, am 14. Oktober 1791 tot zur Welt
gebracht. Eintrag im Totenbuch 15. Oktober 1791.
Kirchenamt Weimar*

*20. Christiana Vulpius' Quittung
vom 30. Oktober 1792 über von Philipp Seidel
erhaltenes Geld in Goethes Abwesenheit.
Goethe- und Schiller-Archiv Weimar*

21. »Der Hausgarten«.
Nach einer Zeichnung Goethes aus dem Jahr 1793
radiert von Carl Wilhelm Lieber, undatiert.
Goethe-Nationalmuseum Weimar

22. Christiane Vulpius mit dem Sohn August.
Aquarell von Heinrich Meyer, 1792.
Goethe-Nationalmuseum Weimar. Foto: Sigrid Geske

23. Goethes Frau und Sohn.
Zeichnung nach einem Aquarellgemälde von Heinrich
Meyer, im Besitze der Goetheschen Familie.
Kunstsammlungen zu Weimar.
Foto: Renno

24. Heinrich Meyer, Skizze zur Zeichnung
»Christiane und der kleine August«.
Kunstsammlungen zu Weimar.
Foto: Renno

25. Christiane Vulpius. Zeichnung von Heinrich Meyer.
Kunstsammlungen zu Weimar. Foto: Renno

26. Heinrich Meyer, Christiane Vulpius. Bleistiftskizze.
Kunstsammlungen zu Weimar. Foto: Renno

[handschriftlicher Kirchenbucheintrag in deutscher Kurrentschrift]

Carolina

No. 41.

27. Kirchenbucheintrag über Christiana Vulpius'
und Goethes drittes Kind: Carolina.
Geburt am 21. November 1793;
Tod am 3. Dezember 1793.
Kirchenamt Weimar

28. August mit Katze am Fenster.
Bleistift- und Federzeichnung
von Johann Heinrich Meyer, um 1793.
Goethe-Museum Düsseldorf

29. Kirchenbucheintrag über
Christiana Vulpius' und Goethes viertes Kind: Carl.
Geburt am 30. Oktober 1795;
Tod am 16. November 1795.
Kirchenamt Weimar

30. Brief Christianes an Goethe,
21./22. Februar 1797 (letzte Seite).
Goethe- und Schiller-Archiv Weimar

31. *Handschriftliches Verzeichnis aus dem Jahr 1797*
von Christianes Sachen, als Eigentum
in die Gemeinschaft mit Goethe eingebracht.
Goethe- und Schiller-Archiv Weimar

Kleider

ein ...
ein ...
ein ...
ein ...
ein ...
einen ...
ein ...
ein ...
ein ...
ein ...
ein ...
ein ...
ein ...
ein ...
einen ...
ein ...
ein ...
ein ...

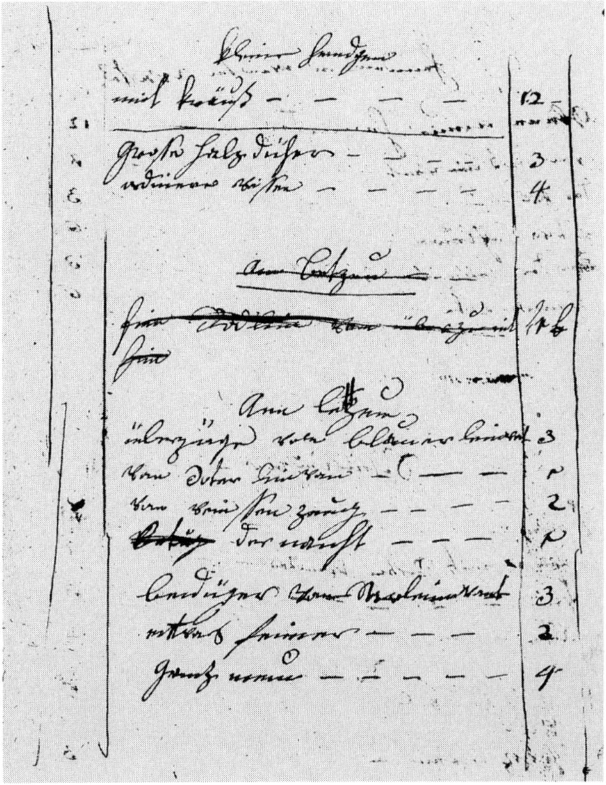

Handwerk und andere ... ...

Oben neuer Handwerk — — — —	12
Vom Haus ... — — — —	3
der Hof — — — — —	3
unter 6 Gläser — — — —	6
... der ... ... — —	3
... alte — — — —	6

Schustern — — —

... — — — — —	3
... mit ... ... — —	4
klein — — — — —	3
alte — — — — —	2

Bauer

gute ... ... — — —	6
Alte — — — — —	4
... ... — — — —	3

[überschrift]	
	3
	2
	2
	12
	6
	6
	3
	6
	3
	3
	5
	4
	3
	2

Am Zinn   276

Teller — — — — — — — — — — 12
Teller — — — — — — — — — — 4
Nußtellen Große — — — 2
feine — — — — — — 2
Nußnapf — — — — — —
Leuchter — — — — — — — 3
für zinnerne Leuchter und noch Zinn

        Am Porzellan

für ganzes bemahl: Serviß
feinschen Tassen — — — — — —   3 Stück
Grundar — — — — — — —   ~ Paar

schalen — — — — — — — 3
für Waschgeschirr Kaffee

für feine Schüsterzeug alt Gelt   277
feine Vögel
feine 2 Schuhstück
der Wurst und

32. *Augusts Neujahrsglückwunsch
vom 1. Januar 1799 an seine Mutter.
Goethe- und Schiller-Archiv Weimar*

33. *Stammbuchblatt Christianes vom 17. April 1799
für einen unbekannten Freund, überliefert in der Abschrift
von Goethes Schreiber Johann Ludwig Geist.
Goethe- und Schiller-Archiv Weimar*

34. Goethehaus am Frauenplan. Lithographie um 1850.
Goethe-Nationalmuseum Weimar. Foto: Jürgen Pietsch

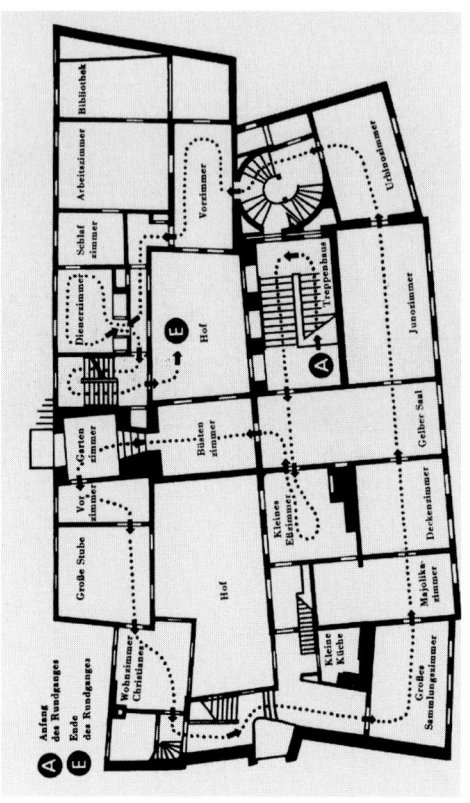

35. Das Haus am Frauenplan im Aufriß.
Goethe-Nationalmuseum Weimar

36. Der Hausgarten am Frauenplan

37. Das Haus am Frauenplan. Aufwärmküche.
Goethe-Nationalmuseum Weimar

38. Christiane-Zimmer im Haus am Frauenplan.
Goethe-Nationalmuseum. Foto: Sigrid Geske

39. Goethe.
Kreidezeichnung von Friedrich Bury, 1800.
Goethe-Nationalmuseum Weimar

40. Christiane Vulpius.
Kreidezeichnung von Friedrich Bury, 1800.
Goethe-Nationalmuseum Weimar. Foto: Sigrid Geske

41. *Fächer Christianes mit Elfenbeinstäbchen.*
Goethe-Nationalmuseum Weimar. Foto: *Sigrid Geske*

42. *Nähkästchen aus Zedernholz*
mit Perlmuttintarsien aus dem Besitz Christianes.
Goethe-Nationalmuseum Weimar. Foto: Sigrid Geske

43. *Puderquaste und Medizinfläschchen*
aus dem Besitz Christianes.
Goethe-Nationalmuseum Weimar. Foto: *Sigrid Geske*

44. Schreibgarnitur Christianes aus Porzellan.
Goethe-Nationalmuseum Weimar. Foto: Sigrid Geske

45. Nicolaus Meyer.
Pastellgemälde, unbekannter Künstler,
entstanden 1801.
Goethe-Nationalmuseum Weimar

Anno 1802.

46. Christianes und Goethes fünftes Kind.
Geburt am 16. Dezember 1802, Taufeintrag.
Tod am 19. Dezember 1802, Totenbuch.
Kirchenamt Weimar

47. *Brief August Goethes an seinen Vater
vom August 1802.*
Goethe- und Schiller-Archiv Weimar

48. August von Goethe.
Kreidezeichnung von Conrad Westermayr, um 1805.
Goethe-Nationalmuseum Weimar

49. Kirchenbucheintrag über die Eheschließung
von Christiana Vulpius und Goethe am 19. Oktober 1806.
Kirchenamt Weimar

50. Christiane von Goethe.
Büste von Carl Gottlob Weißer. Gipsabguß 1810.
Goethe-Museum Düsseldorf

51. Altes Hoftheater Weimar. Stich um 1800

52. Der neue Tanzsaal in Lauchstädt.
Radierung von C. B. Schwarz

56.

Tanz Reglements

Zur Erhaltung der Ordnung und Vermeidung
aller Unannehmlichkeiten sollen an den Sonn= und
Festtagen in dem großen Sallon hieselbst die
Taenze in dieser Ordnung, nehmlich

1, Walzer,
2, Ecossaise,
3, Quadrille,
4, Wiener Walzer,
5, Cottillon,
6, Angloise

auf einander folgen, und wird für Eine jede Num=
mer bey großer Concurrenz Eine halbe Stunde Zeit
bestimmt.

Ein jeder Theilnehmer am Tanze bezahlt

a, Acht Groschen für die Musie, und
b, Vier Groschen für die Erleuchtung,

welche von den Musikern und Einem Kellner bey
dem Tanze werden eingesammlet werden.

Lauchstaedt den 8ten July 1818.
Die Bade Direction.

Senff-Eisen   Muth   Rothe

53.1 »Tanz Reglements« von Bad Lauchstädt. 1818.
Historische Kuranlagen und Goethe-Theater
Bad Lauchstädt

Da sowohl von den Tanzenden, als auch von den Damen, welche dem Tanze zuschen, darüber sehr geklagt worden, daß die Herren durch das Vortreten, in dem Tanzsaale nicht nur den Platz der Tanzenden sehr verengen, sondern auch den Damen das Zusehen des Tanzes ganz benehmen; hiernächst auch daß mehrere Herren sich erlauben in dem Tanzsaale Tabak zu rauchen, welches noch nie statt gehabt hat; so sieht man sich veranlaßt, um diesen Klagen abzuhelfen, sämtliche Herren hiedurch ganz ergebenst und höflichst zu ersuchen, nicht mehr vor die Damen, sondern hinter dieselben sich zu stellen, und ihnen das Zusehen bey dem Tanze nicht mehr zu benehmen, auch des Tabackrauchens in dem Tanzsaale sich gänzlich zu enthalten.

Man siehet der gewißen Gewährung dieser so billigen Bitte um so zuversichtlicher entgegen, da man überzeugt ist, daß die Herren die Achtung, die sie dem andern Geschlechte und der Gesellschaft schuldig sind, und die sie ihnen ja sonst bey jeder Gelegenheit beweisen, auch durch dieses kleine Opfer an den Tag zu legen suchen werden.

Lauchstädt am 21ten July 1818.

Die Koenigl. Badedirection allhier

Muffel   Senat Eisen Rothe

53.2 Verhaltensregeln für den Tanz
in Bad Lauchstädt. 1818.
Historische Kuranlagen und Goethe-Theater
Bad Lauchstädt

54. Christian August Vulpius.
Ölgemälde von Caroline Bardua, 1807.
Goethe-Nationalmuseum Weimar

55. Goethe zu Pferde (um 1810).
Getuschter Schattenriß
Goethe-Nationalmuseum Weimar.

56. Goethe auf der Straße (um 1810).
Bleistiftzeichnung von Friedrich Wilhelm Riemer
Goethe-Nationalmuseum Weimar.

57. Caroline Jagemann.
Pastellgemälde von Louise Seidler, um 1810.
Goethe-Nationalmuseum Weimar

58. August von Goethe.
Zeichnung von Julie Gräfin Egloffstein, um 1810.
Goethe-Nationalmuseum Weimar

59. Brief Augusts an seine Mutter
vom 4. Dezember 1810, mit Zeichnungen.
Goethe- und Schiller-Archiv Weimar

Liebe Müller.

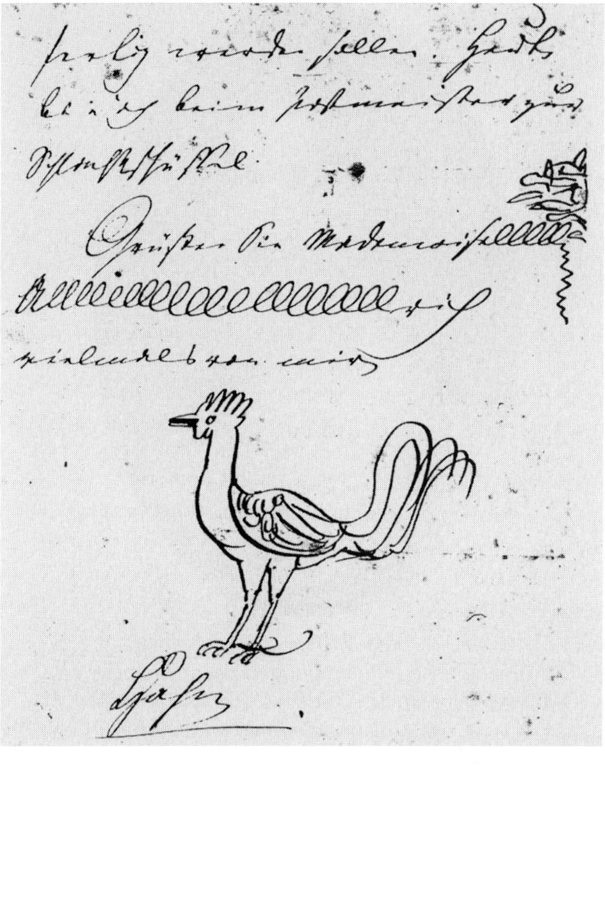

60. Caroline Ulrich, spätere Riemer.
Gesellschafterin und Hausgenossin Christianes.
Miniaturgemälde von Carl Joseph Raabe, um 1810.
Goethe-Nationalmuseum Weimar

61. Friedrich Wilhelm Riemer.
Ölgemälde von Louise Seidler.
Goethe-Nationalmuseum Weimar

18.

62. *Handschriftliche Besuchskarte Christianes.*
Goethe- und Schiller-Archiv Weimar

63. Caroline Ulrich.
Zeichnung von Xaver Schönberg, 1812.
Goethe-Nationalmuseum Weimar

64. Heinrich Meyer.
Kreidezeichnung von Johann Joseph Schmeller,
um 1810
Goethe-Nationalmuseum Weimar

65. Heinrich Meyer.
Ölgemälde von Heinrich Müller.
Goethe-Nationalmuseum Weimar

66. Familie Wolfgang von Goethe.
Miniaturgemälde von Carl Joseph Raabe, 1811.
Goethe-Museum Düsseldorf

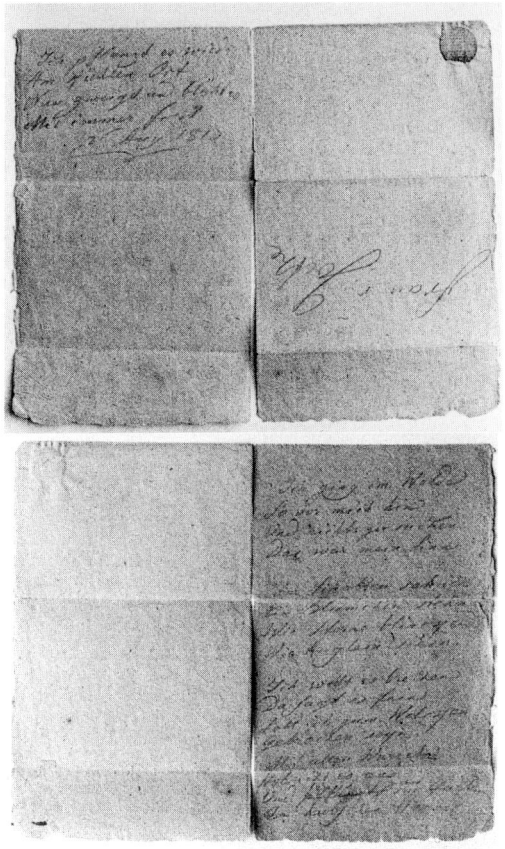

67. *Gedichthandschrift Goethes (Bleistift) auf zwei
mit Oblate gesiegelten Briefblättern (Kleinoktav)
mit Datum »26. August 1813« aus Stadt-Ilm
an »Frau von Goethe«. Geschenk Goethes
an Christiane zum 25. ›Hochzeitstag‹.
Goethe- und Schiller-Archiv Weimar*

68. Christiane von Goethe.
Mit Wasserfarben getönte Bleistiftzeichnung von
Johann Friedrich August Tischbein, um 1812.

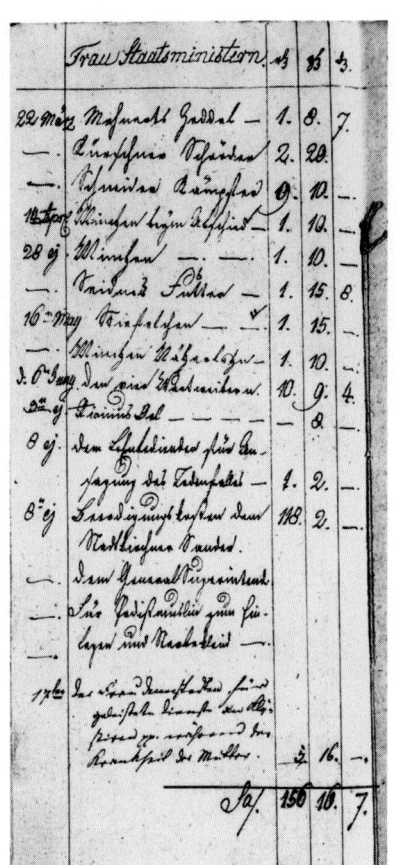

69. Eintrag Christiane Goethes als
»Frau Staatsministerin« in die vom Sohn August
geführten Rechnungsbücher 1815.
Goethe- und Schiller-Archiv Weimar

70. Christiane von Goethe.
Ölgemälde von Caroline Bardua, um 1810.
Goethe-Nationalmuseum Weimar

Weimar,

Mittwoch, den 7. Februar 1816.

Epimenides Erwachen.

Festspiel in zwei Aufzügen, von Goethe.
Musik von Kapellmeister Weber.

Prolog.
    Die Muse, · · · · · · · · · · · Wolff.
Wortführer:
    Epimenides, · · · · · · · · · · Graff.
Dämonen:
    des Krieges, · · · · · · · · · · Haide.
                            Deis.
                            Wolff.
                            Deny.
    der List, unter verschiedenen Gestalten, · Engels.
                            Lorzing.
                            Unzelmann.
    der Unterdrückung, · · · · · · · · Stromeier.
Chorführer:
    Jugendfürst, · · · · · · · · · · Wolke.
Chor der Tugenden:
    Glaube, · · · · · · · · · · · · Eberwein.
    Liebe, · · · · · · · · · · · · Unzelmann.
    Hoffnung, · · · · · · · · · · · Wolff.
    Einigkeit, · · · · · · · · · · · Lorzing.
Begleitende:
    Zwei Genien, · · · · · · · · · · Beck d. jüng.
                            Riemann.
Schweigende:
    Zwei kleinere Genien,
    Kleine Dämonen.
Chöre der Krieger. Der Hofleute. Echo der
Freigesinnten. Sieger. Frauen. Landleute.

Die Berliner Ausgabe des Gedichts ist an der Casse für 4 gr. zu haben.

Balkon	—	16 Gr.
Parket	—	12 Gr.
Parterre	—	8 Gr.
Gallerie	—	4 Gr.

Anfang um 6 Uhr.

Die Billets gelten nur am Tage der Vorstellung, wo sie gelößt worden.

Künftigen Freitag, als den 9. Febr. d. J., wird Redoute im hiesigen
Stadthause gehalten.

71. Theaterzettel vom 7. Februar 1816
zu Goethes »Epimenides«.
Stiftung Weimarer Klassik. Foto: Angelika Kittel

72. *Theaterzettel vom 9. März 1816 »Haß der Frauen«.
Stiftung Weimarer Klassik. Foto: Angelika Kittel*

73. *Brief Christianes an Goethe vom 15. Mai 1816.*
Goethe- und Schiller-Archiv Weimar

74. Theodor Kräuter.
Bleistiftzeichnung von Friedrich Pecht, 1845

182

JVNIVS.
Sonn. Aufg. 3 U. 57 M. S. U. 8 U. 3 M. | thlr. | gl. | pf.

3. Mont. **Pfingstm.** ☽ 6 U. 0 M. Morg.

Eine unruhige sorgenvolle Nacht verlebt.
Die Köchin dieselben Anfälle, zu Bette.
Frau von Heygendorf bey meiner Frau
die noch immer in der größten Gefahr.

Mittag zu zwey.
Divan. Briefe. Entoptische Farben.
Pflanzen Extracte, chemische Versuche damit.
Hofr. Meyer.
Zeitungen u. Betrachtungen darüber.
Den ganzen Tag über München leidlich.

4. Dienst. **Rogatius**
Mancherley expedirt und beseitigt.
Sendung an Staatsminister von Voigt besorgt.
Meine Frau noch immer in aeußerster
Gefahr.
Kräuter war die Nacht bey mir geblieben.
Spazieren gefahren mit Hofr. Meyer.
Sehr kalte Luft.
Zu zwey gegessen.
Nach Tische Canzler von Müller.
Plötzlicher heftiger Fieberanfall. Ich mußte mich
zu Bett legen.

75. Goethes Tagebucheinträge vom 3. und 4. Juni 1816
(Handschrift von Kräuter).
Goethe- und Schiller-Archiv Weimar

76. *Rechnung von Christiane Goethes Totenfrau,
Dorothea Wagenknecht, an den Stadtkirchner Sander.
Goethe- und Schiller-Archiv Weimar*

77. Rechnung des Stadtkirchners Sander
zur Beerdigung von Christiane Goethe.
Goethe- und Schiller-Archiv Weimar

78. Das vom Sohn August geführte Ausgabenbuch 1816
mit dem Nachtrag: »Maurerarbeit zur Befriedung
des Grabes 2 Taler. Umfriedung des Grabes
meiner Mutter 1 Taler 11 Groschen«.
Goethe- und Schiller-Archiv Weimar

79. Eintrag über Christianes Sterben
am 6. Juni 1816. Todtenbuch 1816.
Kirchenamt Weimar

*80. Christianes Grab auf dem Jakobsfriedhof
in Weimar (heutiger Zustand).
Foto: Constantin Beyer*

81. *Christiane-Vulpius-Laube in Bad Lauchstädt.*
Historische Kuranlagen und Goethe-Theater
Bad Lauchstädt

Lebensdaten

1765 1. Juni: Christiane Vulpius geboren.

      3. Juni: Taufe, Taufname: Johanna Christiana Sophia.

1771 6. Mai: Tod ihrer Mutter Christine Margarethe, geb. Riehl.

1774 26. Dezember: Zweite Heirat von Christianes Vater Johann Friedrich Vulpius mit Johanna Christiana Dorothea Weiland.

1782 26. März: Amtsvergehen des Vaters.

      Seit der Zeit: Über mehrere Jahre Arbeit in der »Blumenfabrik« von Friedrich Justin Bertuch.

1784 29. Oktober: Christiane und ihr älterer Bruder Christian August (geb. 23. Januar 1762) erwerben das Bürgerrecht von Weimar.

1786 29. März: Christianes Vater stirbt.

1788 12. Juli: Erste Begegnung von Christiane und Goethe.

1789 Frühjahr: Ihr Liebesverhältnis wird öffentlich.

      Sommer: Goethe plant, Christiane in sein Haus am Frauenplan aufzunehmen.

      Spätherbst: Umzug in die Jägerhäuser vor den Toren Weimars.

      25. Dezember: Geburt des ersten Kindes von Christiane und Goethe.

      27. Dezember: Taufe in der Sakristei der Jakobskirche auf den Namen Julius August Walther.

1791 14. Oktober: Geburt des zweiten Sohnes, er kommt tot zur Welt.

1792 Sommer/Herbst: Erste überlieferte Post von Goethe an Christiane (12 Briefe) aus dem Frankreichfeldzug.

1793 Sommer: Erste überlieferte Post Christianes an Goethe nach Mainz (11 Briefe).

      Umbau des Hauses am Frauenplan, Christiane und H. Meyer hatten die Aufsicht.

      21. November: Geburt des dritten Kindes, Carolina.

      3. Dezember: Tod des Kindes, Todesursache: Streckfluß.

1794 Herbst: Beginn der Freundschaft zwischen Goethe und Schiller, Christiane tritt in Goethes Leben zurück.

1795 30. Oktober: Geburt des vierten Kindes, Carl.

      16. November: Tod des Kindes.

1796   8.-12. März: Christiane hält sich in Jena bei Goethe auf.

1797   24. Juli: Testament Goethes zugunsten seines Sohnes und Christianes.

30. Juli: Reise mit Goethe und August nach Frankfurt a. M. Christiane trifft Goethes Mutter.

1799   Seit Dezember ist der Mediziner Nikolaus Meyer Gast im Haus am Frauenplan. Freundschaft zu Christiane.

1800   10. Mai: Christiane und August reisen zu Goethe nach Leipzig.

1801   19. Mai: Dekret über Legitimierung des Sohnes August.

Juni, Juli bis Mitte August: Christiane allein in Weimar, Goethe und der Sohn August auf Reisen.

1802   Mai: Beginn des Briefwechsels zwischen Christiane und Nikolaus Meyer.

13. Juni: Augusts Konfirmation.

21. Juni: Einweihung des neuerbauten Lauchstädter Theaters; Goethe, Christiane und August nehmen teil.

16. Dezember: Geburt des 5. Kindes, Kathinka.

19. Dezember: Tod des Kindes, Todesursache: Streckfluß.

1803   12. Juni: Christiane allein nach Lauchstädt, Besuch von Theaterproben.

1804   23. Juli: Vierwöchiger Lauchstädt-Aufenthalt ohne Goethe.

1805   2. Juli-12. August: Goethe und Christiane in Lauchstädt. Sie wohnen getrennt.

1806   Sommer: Christiane allein in Lauchstädt.

19. Oktober: Heirat von Christiane und Goethe.

20. Oktober: Goethe führt Christiane in die Weimarer Gesellschaft ein.

1807   23. März: Christiane reist allein zu Goethes Mutter nach Frankfurt a. M.

Schlechter Gesundheitszustand Christianes in den Jahren 1807/1808.

1808   13. September: Tod von Goethes Mutter.

1. Oktober: Christiane reist in Erbschaftsangelegenheiten nach Frankfurt a. M.

10. November: Christiane besucht August in Heidelberg.

23. November: Rückkehr nach Weimar.

20. Dezember: Christiane gibt ihre erste Teegesellschaft, offizielle Anerkennung als Goethes Ehefrau.

1809 Herbst: Christiane liest Teile des Romans »Wahlverwandtschaften«.

1810 Frühjahr: Christiane nimmt am offiziellen Weimarer Hofleben teil.

Juli: Christiane in Lauchstädt.

1811 30. April: Goethe liest Christiane aus »Dichtung und Wahrheit« vor.

29. Mai-15. Juli: Christiane mit Caroline Ulrich nach Karlsbad zu Goethe.

13. September: Streit zwischen Christiane und Bettina von Arnim.

1812 19. Juni bis 15. August: Christiane in Karlsbad, Goethe in Karlsbad und Teplitz.

November: Christiane besucht Goethe in Jena.

1813 12. Juli: 25 jähriger »Hochzeitstag« von Christiane und Goethe.

1814 12. April, 5. und 12. Mai: Christiane bereitet Goethes Aufenthalt in Berka vor.

13. Mai-25. Juni: Goethe und Christiane in Berka, letzter gemeinsamer Aufenthalt beider außerhalb von Weimar.

3. August: Christiane allein in Berka.

1815 9. Januar, 4. Februar, 1.-13. März: Erkrankungen Christianes.

9. Juni-28. Juli: Christiane mit Frau Kirsch in Karlsbad und Eger.

11. Oktober: Nach 140 Tagen Abwesenheit Goethe zurück in Weimar.

1816 11. Mai: Goethe nach Jena.

28./29. Mai: Schwerer Anfall, Krämpfe und Ohnmachten Christianes.

30. Mai: Sie steht wieder auf.

31. Mai: Rückfall.

6. Juni: Tod Christianes.

8. Juni: Beerdigung auf dem Jakobsfriedhof.

Zu dieser Ausgabe

Christiane Goethes Tagebuch wurde ediert nach der Handschrift.

Tagebuchnotizen in: *Gothaischer verbesserter Schreib-Calender auf das Schalt-Jahr Christi 1816. Mit Sr. Herzogl. Durchl. zu Sachsen-Gotha gnädigstem Privilegio. Gotha, bey Johann Christoph Reyhers Wittwe und Erben.* Standort: Goethes Arbeitszimmer im Wohnhaus am Frauenplan, Goethe-Nationalmuseum Weimar.

Das Tagebuch ist nach Christiane Goethes Diktat vom Sekretär Friedrich Theodor Kräuter geschrieben.

Eintragungen gibt es vom 1. Januar bis 24. Mai und vom 29. und 30. Mai 1816. Die Wiedergabe der Handschrift erfolgt buchstaben- und zeichengetreu; d. h. Orthographie, Lautstand und Interpunktion bleiben mit allen Eigenheiten erhalten, u. a. mit den alten Schreibungen der Namen: *Musaeus, Kraeuter,* unterschiedlichen Schreibweisen wie *Riemer* und *Rimer, Heygendorf* und *Heygendorff,* verschiedenen Abkürzungen für Goethe: *Geheim. Rath, Geh. Rath, G. R.,* für Madame: *Mad.* und *Madme,* für Demoiselle: *Demlle., Dlle.,* für Herr: *Hrr., Hr.* Ausnahme: *mm* und *nn,* in der Handschrift von Fall zu Fall mit einem Strich über *m* und *n* gekennzeichnet, werden *mm* und *nn* geschrieben. Die wenigen Eintragungen, die sich auf den rechten Blattseiten des Schreibkalenders befinden, werden im Anschluß an die jeweiligen Tageseintragungen wiedergegeben. Nachträglich durchgestrichene Eintragungen werden auch hier durchgestrichen wiedergegeben. Einige wenige Schreibversehen wurden korrigiert.

Den Texten, die das Tagebuch erläutern, liegen folgende Quellen zugrunde:
– Die Handschriften aus dem »Bestand Rechnungsbücher, Belege und Sonderrechnungen der Jahre 1788 bis 1817« im Goethe- und Schiller-Archiv Weimar. Rechnungen und Belege 1816. Sig. 34 XXVI, 1-7.
– *Weimarisches Wochenblatt* Nr. 7 bis Nr. 42, Jahrgang 1816.

Der Brief August Goethes an Goethe vom 20. Mai 1816 wird zitiert nach der Handschrift im Goethe- und Schiller-Archiv. Sig. 28/70 Bl. 189.

Aus Goethes Tagebüchern wird zitiert nach:
– Steiger, Robert: *Goethes Leben von Tag zu Tag. Eine dokumentarische Chronik*. Band VI, 1814-1820, Zürich und München 1993.

Goethes Briefe an seine Frau und Christianes Briefe an Goethe werden zitiert nach:
– *Goethes Briefwechsel mit seiner Frau*. Hrsg. von Hans Gerhard Gräf. Bd. 1: 1792-1806, Bd. 2: 1807-1816. Frankfurt a. M. 1916.

Die übrigen Goethe-Briefe werden zitiert nach:
– Steiger, a. a. O.
– Goethe, Johann Wolfgang: *Sämtliche Werke, Briefe, Tagebücher und Gespräche*. (Frankfurter Ausgabe); Zweite Abteilung: Band 7. Frankfurt a. M. 1994.

Ernestine Engels' Tagebuch wird zitiert nach:
– *Das Tagebuch der Demoiselle Ernestine Engels vom Jahr 1816*. Bearbeitet von Albert Köster. In: *Jahrbuch der Sammlung Kippenberg*. Erster Band. Leipzig 1921.

Christiane Goethes Briefe an Caroline Riemer und Riemers Tagebuch werden zitiert nach:
– *Friedrich Wilhelm Riemers Tagebücher 1811-1816*. Im Auszug herausgegeben und eingeleitet von Arthur Pollmer. In: *Jahrbuch der Sammlung Kippenberg*. Dritter Band. Leipzig 1923.

Weitere Briefe werden zitiert nach:
– *Goethes Gespräche. Eine Sammlung zeitgenössischer Berichte aus seinem Umgang*. Auf Grund der Ausgabe und des Nachlasses von Flodoard Freiherrn von Biedermann, ergänzt und hrsg. von Wolfgang Herwig. Zweiter Band 1805-1817. Zürich und Stuttgart 1969.

– *Goethe in vertraulichen Briefen seiner Zeitgenossen.* Zusammengestellt von Wilhelm Bode. Bd. II, 1794-1816. Berlin und Weimar
1979.

Für die Mitarbeit an diesem Buch danke ich sehr herzlich Ursula Em-
merich und Tobias Damm.

Verzeichnis der Personen

Aufgenommen wurden alle von Christiane Goethe im Tagebuch erwähnten Personen, soweit deren Lebensdaten zu ermitteln waren.

Bachmann, Karl Friedrich (1785-1855); Philosoph, 1812 Professor in Jena, 1832 Direktor der Mineralogischen Gesellschaft in Jena.

Bade Inspector s. Schütz, Johann.

Beck, Christiane Henriette, geb. Zeitheim, verw. Wallenstein (1759-1833); Schauspielerin, von 1794-1828 am Weimarer Theater. Frau des Folgenden.

Beck, Johann Christoph (geb.1756); Schauspieler, von 1793-1800 in Weimar.

Bervisson, Demoiselle; Schauspielerin, seit 1816 in Weimar, Pflegetochter der Schauspielerin Wieland.

Beulwitz, Friedrich Wilhelm Ludwig von (1755-1829); Major, Hofrat in Rudolstadt.

Brizzi, Anton (1774-1854); Opernsänger an italienischen Bühnen 1793-1800, in Wien 1801, später in München, Gastspiele in Weimar 1810 und 1816.

Brizzi, Demoiselle; Sängerin. Tochter des Vorigen.

Büttner, Georg Friedrich Carl August (1791-1843); Kammerbeamter in Weimar, verheiratet mit verw. Frau John, Mutter von Ernst Karl Christian John, 1812-1814 Goethes Sekretär.

Cammer Assessor s. Goethe, August.

Canicoff (Caniscoff, Kanikow), Basil(ius) (Wassilij Wassiliewitsch (1752-1829); russischer Gesandter an den sächsischen Höfen, 1816 in Weimar.

Coudray, Clemens Wenzeslaus (1775-1845); Baumeister, seit 1816 Oberbaudirektor in Weimar.

C. R. s. Goethe, August.

Das Kind s. Knebel, Karl Bernhard.

Deny, Constantin Roderich Friedrich Wilhelm Emil (geb. 1811); Sohn der Folgenden.

Deny, Johanna Elise Henriette, geb. Lagnac; Schauspielerin, seit 1811 am Weimarer Hoftheater. Frau des Folgenden.

Deny, Johann Friedrich Wilhelm (1787-1822); Schauspieler, ab 1805 am Weimarer Hoftheater.

Dienemann, Johann Heinrich (geb. 1786); 1810-1816 Kutscher im Goethe-Haus, 1816-1829 Pächter des Gasthofes am Schloß Belvedere, 1829 Pächter in Oberweimar.

Dietrich, Friedrich Gottlieb (1768-1850); Hofgärtner beim Park in Weimar, später in Eisenach.

Eberwein, Franz Karl Adalbert (1786-1868); Violinist und Komponist, Mitglied der Hofkapelle in Weimar 1803, Musikdirektor.

Engels, Ernestine (geb. um 1795-1845); Schauspielerin und Sängerin, seit 1805 in Weimar, 1818 Heirat mit dem Schauspieler und Sänger Friedrich August Durand.

Färber, Johann Michael Christoph (1778-1844); Diener, 1805 bei Schiller, 1810 bei Frau von Heygendorf, 1814 Museumsschreiber, Kustos der Sammlungen und der Bibliothek, Schloßvogt in Jena.

Franke, Johann Michel Bernhard (1779-1837); Bibliotheksschreiber in Weimar.

Fr. Räthin s. Vulpius, Helene.

Gauby, Louis Wilhelm Philipp (1793-1847); gebürtiger Spanier, Offizier, seit 1810 beim sachsen-weimarischen Militär.

Genast, Anton (1765-1831); seit 1791 Tenorbuffo und Schauspieler in Weimar.

Genast, Eduard (1797-1866); Schauspieler und Opernsänger am Weimarer Theater. Sohn des Vorigen.

Germar, Friedrich Ernst von (1773-1837); sachsen-weimar. Offizier.

Germar, Wilhelm Heinrich von (1787-1842); sachsen-weimarischer Offizier und Kammerherr in Weimar.

Germer, Major von s. Germar.

Gobi, Leutnant s. Gauby.

Goethe, Julius August Walther von (1789-1830); Christianes und Goethes Sohn, seit 1815 Geheimer Kammerrat in Weimar.

Gotthold & Comp; Handelsgärtner in Arnstadt.

Helldorf, Karl Heinrich Anton von (gestorben 1834); Kammerherr in Weimar.

Heygendorf, Caroline von, eigentlich Jagemann (1777-1848); seit 1797 Sängerin und Schauspielerin in Weimar. Geliebte des Herzogs Carl August, Mutter mehrerer seiner Kinder, wurde von ihm 1809 geadelt, erhielt den Namen von Heygendorf.

Hopfgarten, Ludwig Ernst von; Kammerherr in Eisenach.

Horn, Johanna Christiana, geb. Höpfner (geb. 1784); von 1805-1816 Köchin bei der Familie Goethe, in zweiter Ehe verheiratet mit Johann Heinrich Dienemann.

Hr. Gevatter s. Unzelmann, Karl August.

Huschke, Wilhelm Ernst Christian (1760-1828); Hofmedikus, 1804 Hofrat, dann Geheimer Hofrat und Leibmedikus in Weimar, seit 1790 Hausarzt der Familie Goethe.

Jünger, Johann Friedrich (1759-1797); Lustspielautor, Romanschriftsteller.

Kämpfer, Johann Gottfried; Kammerdiener, Leibchirurg in Weimar.

Kämpfer, Madame; Frau des Vorigen.

Kieser, Dietrich Georg (1779-1862); Arzt, ab 1812 Professor der Pathologie und Therapie in Jena, 1814 Feldarzt in den Befreiungskriegen, 1817 als Rektor der Universität Jena Teilnahme am Wartburgfest.

Kirms, Franz (1750-1826); Jurist, seit 1791 Mitglied der Weimarer Hoftheaterintendanz.

Kirsch, Johanna Christiana Sophia, geb. Müller (1755-1821); Pastorentochter aus Troistedt, verheiratet mit dem Kaffeehausbesitzer Johann Christian Wilhelm Kirsch.

Klingmann, Herr; Schauspieler, 1816 in Weimar.

Knebel, Karl Bernhard Maximilian von (1813-1844); Sohn von Karl Ludwig und Luise Knebel.

Knebel, Karl Ludwig von (1744-1834); Offizier, Schriftsteller, Übersetzer, Goethes »Urfreund«. Seit 1798 Mann von Luise Rudorff.

Knebel, Karl Wilhelm von (1796-1861); Sohn Luise Rudorffs und Carl Augusts. Stiefsohn des Vorigen.

Knebel, Luise Ulrica Dorothea Emilia von, geb. Rudorff (1777-1852); 1791 nach Weimar, Sängerin, Gesellschafterin Anna Amalias, 1796 unehelicher Sohn, 1798 Ehe mit Knebel, 1813 ehelicher Sohn.

Kotzebue, August Friedrich Ferdinand von (1761-1819); Dramatiker, Beamter in Rußland, Präsident des Gouvernementsmagistrats von Estland, Hoftheaterdichter in Wien 1798, Direktor des Deutschen Hoftheaters in St. Petersburg, russischer Staatsrat und Generalkonsul in Königsberg 1813.

Kräuter, Friedrich Theodor David (1790-1856); ab 1814 Goethes Sekretär und Schreiber, seit 1816 Bibliothekssekretär in Weimar, verwaltete seit 1817 Goethes Privatbibliothek, nach Goethes Tod Verwalter seiner Sammlungen.

Kruse, Friedrich Leopold (1766-1850); 1808 Mitglied der Theaterkommission in Weimar, 1815 Kammerrat und Mitglied der Theaterintendanz, 1826 Geheimer Kammerrat.

Kruse, C. Räthin; Frau des Vorigen.

Launnay, Martin de; Prinzessinnengouvernante in Weimar.

Lawrence, James Henry (1773-1840); englischer Schriftsteller, lebte zeitweilig in Weimar.

Lortzing, Beata Auguste Emilie, geb. Elsermann (1787-1831); Schauspielerin, von 1805 bis 1825 Mitglied des Hoftheaters in Weimar. Frau des Folgenden.

Lortzing, Johann Friedrich (1782-1851); Maler, Schauspieler, von 1805 bis 1838 am Weimarer Theater.

Lungershausen, Carl Theodor; Theologe in Weimar.

Lungershausen, die; Mutter oder eine Verwandte des Vorigen.

Marschall, Gräfin; Frau des Folgenden.

Marschall, Karl Wilhelm von (1763-1817); Badischer Minister.

Mecklenburg-Schwerin, Caroline Luise, Erbprinzessin von, geb. Prinzessin von Sachsen-Weimar-Eisenach (1786-1816); verheiratet mit dem Folgenden.

Mecklenburg-Schwerin, Friedrich Ludwig, Erbprinz von (1778-1819); seit 1810 verheiratet mit der Tochter von Carl August.

Mein Bruder s. Vulpius, Christian.

Meine Schwägerin s. Vulpius, Helene.

Meyer, Johann Heinrich (1759-1832); Maler und Kunsthistoriker, seit 1792 Professor, 1807 Direktor am Zeicheninstitut in Weimar, Hausgenosse Goethes von 1791-1803.

Minchen; Stubenmädchen Christiane Goethes.

Moltke, Karl Melchior Jakob (1783-1831); Opernsänger, Komponist und Dirigent.

Müller, August Eberhard (1767-1817); Musiker, seit 1810 Kapellmeister in Weimar.

Müller, Dlle.; am Hoftheater in Weimar (?).

Musäus, Frau Prof.; Frau des Folgenden.

Musäus, Johann Karl August (1735-1787); Theologe, Schriftsteller, Professor am Weimarer Gymnasium.

Mylius, Johann Jakob (1756-1835); Kaufmann und Senator in Frankfurt am Main.

Niebeckers, von; Familie in Weimar.

Palmer, Herr; vermutlich der Legationsrat aus Gotha.

Peucer, Heinrich Karl Friedrich (1779-1849); Jurist, Schriftsteller, 1815 Geheimer Regierungsrat und Direktor des Oberkonsistoriums in Weimar.

Pfeffel, Gottlieb Konrad (1736-1809); Autor volkstümlicher Fabeln und poetischer Erzählungen mit aufklärerisch-pädagogischer Tendenz, auch Dramatiker.

Ramann, Christian Heinrich; Weinhändler in Erfurt.

Riemer, Caroline Wilhelmine Henriette Johanna, geb. Ulrich (1790-1855); 1806 Gesellschafterin, seit 1809 Hausgenossin Christiane Goethes. Frau des Folgenden seit 1814.

Riemer, Friedrich Wilhelm (1774-1845); Altphilologe und Schriftsteller, seit 1803 Hauslehrer August von Goethes, Sekretär Goethes, 1812-1820 Professor am Weimarer Gymnasium, seit 1814 Bibliothekar.

Sachs, Hans (1494-1576); Nürnberger Meistersinger, Autor von Fast-
nachtsspielen, Dramen, Spruchgedichten, Schwänken, Gedichten.

Schadow, Johann Gottfried (1764-1850); Bildhauer und Graphiker,
1788 Leiter der Hofbildhauerwerkstatt, 1815 Direktor der Kunst-
akademie in Berlin.

Schiller, Charlotte Louise Antoinette von, geb. von Lengefeld (1766-
826); Schillers Frau. Mutter des Folgenden.

Schiller, Ernst Friedrich Wilhelm (1796-1841); Sohn von Charlotte
und Friedrich Schiller, seit 1819 Assessor, später Appellationsge-
richtsrat in Köln.

Schnauß, Carl August Constantin (1782-1832); Jurist in Weimar, vor
1816 Hofadvokat, später Kammerkonsulent sowie Staats- und
Lehnsfiskal.

Schopenhauer, Johanna Henriette, geb. Trosiener (1766-1838);
Schriftstellerin, 1806-1828 in Weimar, später in Bonn. Mutter von
Arthur und Adele Schopenhauer.

Schopenhauer, Louise Adelaide Lawinia, genannt Adele (1797-1849);
Tochter der Vorigen.

Schütz, Johann Heinrich Friedrich (1779-1829); Organist, Mädchen-
lehrer, Badeinspektor in Berka.

Schütz, Frau; Frau des Vorigen.

Schütze, Johann Stephan (1771-1839); Theologe und Schriftsteller,
seit 1804 in Weimar.

Schütze, Wihelmine; Frau des Vorigen.

Seidler, August Gottfried Ludwig (gest. 1825); Akademischer Stallmeister in Jena. Vater der Malerin Luise Seidler.

Seidler, Karoline Luise (1786-1866); Malerin aus Jena, 1817 in München, 1818-1823 in Italien, 1824 Kustodin der Großherzoglichen
Gemäldesammlungen, 1826 in Paris, 1837 Hofmalerin.

Seidler, Sophie Elise, geb. Kretschmar; Frau von August Seidler. Mutter
der Vorigen.

Stein, Charlotte Albertine Ernestine, Freiin von, geb. von Schardt
(1742-1827); Frau des Oberstallmeisters Josias von Stein, enge Vertraute Goethes in den ersten Weimarer Jahren.

Sturm Carl Christian Gottlob, Professor; wohnhaft in Jena.

Sturm, Professorin; wohnhaft in Jena. Frau des Vorigen.

Tochter s. Bervisson, Demoiselle.

Unzelmann, Karl August (1786-1843); Schauspieler, von 1802-1821 in Weimar.

Unzelmann, Madame, geb. Genast (gest. 1839); Schauspielerin, 1813-1821 an der Weimarer Bühne. Zweite Frau des Vorigen.

Vogel, Christian Georg Karl (1762-1819); Kanzleibeamter in Weimar.

Voigt, Friedrich Siegmund (1781-1850); Botaniker in Jena, seit 1807 Professor für Arzneikunde und Direktor des Botanischen Gartens in Jena, 1810 Bergrat.

Voigt, Susanne (oder Susette), geb. von Lövenich; Frau des Vorigen.

Vulpius, Christian August (1762-1827); Schriftsteller, Bibliothekar, Bühnendichter in Weimar. Bruder von Christiane Goethe.

Vulpius, Felix (geb. 1814); Mediziner, jüngerer Sohn von Christian August Vulpius und seiner Frau Helene.

Vulpius Sophie Helene, geb. Deahna, auch de Ahna (1780-1856); Frau von Christian Vulpius, Schwägerin Christiane Goethes.

Wangemann, Christian Gottlieb Salomo (1770-1837); Kriegssekretär und Rat in Weimar, seit 1825 Leiter der Weimarer Baumschule.

Wangemann, Kriegssekretärin; Frau des Vorigen.

Weber, Bernhard Anselm (1764-1821); Musiker und Komponist, Musikdirektor am Nationaltheater in Berlin 1792, Kapellmeister 1804.

Werthe Gevatterschaft s. Unzelmann.

Westermeyer, eigentlich Westermayr, Christiane Henriette Dorothea (geb. 1772); Malerin, Kunststickerin, Frau des Malers und Akademiedirektors.

Wieland, Madame; Schauspielerin, seit 1816 in Weimar.

Wolff, Anna Amalia Christiane, geb. Malcolmi, verw. Miller, geschied. Becker (1780-1851); Schauspielerin, 1791-1816 in Weimar, 1805 Heirat, ab 1816 in Berlin. Frau des Folgenden.

Wolff, Pius Alexander (1782-1828); Schriftsteller, Schauspieler, 1803-1816 in Weimar, dann in Berlin.

Zunkel, Johann Gottfried (1769-1843); Theologe in Weimar.

Inhalt

Johann Wolfgang Goethe
im Insel Verlag

Werke in sechs Bänden. Jubiläumsausgabe. Herausgegeben von Friedmar Apel, Hendrik Birus, Dieter Borchmeyer, Jans-Georg Dewitz, Wolf von Engelhardt, Stefan Greif, Herbert Jaumann, Andrea Ruhlig, Albrecht Schöne, Wilhelm Voßkamp, Manfred Wenzel und Waltraud Wiethölter. Redaktion: Hans-Georg Dewitz. Leinen

Der junge Goethe in seiner Zeit. Texte und Kontexte. Sämtliche Werke, Briefe, Tagebücher und Schriften bis 1775. Bilder, Handschriften, Zeugnisse und Werke der Zeitgenossen. Bildungsmuster der Epoche. Kommentare, Chronik, Register. In zwei Bänden und einer CD-ROM. Herausgegeben von Karl Eibl, Fotis Jannidis und Marianne Willems. Leinen

Einzelausgaben

Alle Freuden, die unendlichen. Liebesgedichte und Interpretationen. Herausgegeben von Marcel Reich-Ranicki. IB 1028

Dichtung und Wahrheit. Mit zeitgenössischen Illustrationen, ausgewählt von Jörn Göres. 2 Bde. Leder

Dichtung und Wahrheit. 3 Bde. in Kassette. Mit Bildmaterial. it 149-151

Dichtung und Wahrheit. Herausgegeben von Jörn Göres. Mit zeitgenössischen Illustrationen. In einem Band. it 2288

Elegie von Marienbad. Faksimile einer Urhandschrift. September 1823. Mit einem Kommentarband. Herausgegeben von Christoph Michel und Jürgen Behrens. Mit einem Geleitwort von Arthur Henkel. Leder

Erotische Gedichte. Gedichte, Skizzen und Fragmente. Herausgegeben von Andreas Ammer. it 1225

Faust. Gesamtausgabe. Leinen und Leder

Faust. Erster und zweiter Teil. Herausgegeben und mit einem Nachwort versehen von Jörn Göres. it 2283

Faust. Erster Teil. Nachwort von Jörn Göres. Illustrationen von Eugène Delacroix. it 50

Faust. Zweiter Teil. Mit Federzeichnungen von Max Beckmann. Mit einem Nachwort zum Text von Jörn Göres und zu den Zeichnungen von Friedhelm Fischer. it 100

Faust. Zweiter Teil. Faksimile der Erstausgabe. Leder

Urfaust. Faust. Ein Fragment. Faust. Eine Tragödie. Paralleldruck der drei Fassungen. 2 Bde. in Kassette. Herausgegeben von Werner Keller. it 625

Gedichte. Sämtliche Gedichte in zeitlicher Folge. Herausgegeben von Heinz Nicolai. it 1400 und it 2281

54/1/5.98

Johann Wolfgang Goethe
im Insel Verlag

Johann Wolfgang Goethe
im Insel Verlag

54/3/5.98

Johann Wolfgang Goethe
im Insel Verlag

Vermischte Gedichte. Faksimile. Mit einem Kommentarband, herausgegeben von Karl-Heinz Hahn. 2 Bde. Pappband

Verweile doch. Gedichte mit Interpretationen. Herausgegeben von Marcel Reich-Ranicki. Leinen und it 1775

Die Wahlverwandtschaften. Ein Roman. Erläuterungen von Hans-J. Weitz. Mit einem Essay von Walter Benjamin. Leinen, Leder, it 1 und it 2285

West-östlicher Divan. Zwei Bände. I. Faksimile der Handschriften. II. Kommentar. Herausgegeben von Katharina Mommsen. Numerierte und auf 1000 Exemplare limitierte Auflage. Leinen im Schmuckschuber

West-östlicher Divan. Herausgegeben und erläutert von Hans-J. Weitz. Mit Essays zum ›Divan‹ von Hugo von Hofmannsthal, Oskar Loerke und Karl Krolow. Leinen, it 75 und it 2282

Wilhelm Meisters Lehrjahre. Herausgegeben von Erich Schmidt. Mit sechs Kupferstichen von Catel, sieben Musikbeispielen und Anmerkungen. Leinen, it 475 und it 2286

Wilhelm Meisters Wanderjahre oder die Entsagenden. Mit einem Nachwort von Adolf Muschg. Leinen, Leder und it 575

Übersetzungen

Rameaus Neffe. Ein Dialog von Denis Diderot. Übersetzt von Goethe. Zweisprachige Ausgabe. Mit Zeichnungen von Antoine Watteau und einem Nachwort von Horst Günther. it 1675

Briefe und Gespräche

Behalte mich ja lieb! Christianes und Goethes Ehebriefe. Auswahl und Nachwort von Sigrid Damm. Mit einem Frontispiz. IB 1190

Der Briefwechsel zwischen Schiller und Goethe. Herausgegeben von Emil Staiger. Leinen

Der Briefwechsel zwischen Schiller und Goethe. 2 Bde. Herausgegeben von Emil Staiger. Mit Illustrationen. Bildkommentar von Hans-Georg Dewitz. it 250

Geschichte meines Herzens. Briefe an Behrisch. Herausgegeben und mit einem Anhang versehen von Wilhelm Große. IB 1189

Goethes Briefe aus dem Elternhaus. Herausgegeben und mit drei Essays eingeleitet von Ernst Beutler. it 1850

Goethes Ehe in Briefen. Der Briefwechsel zwischen Goethe und Christiane Vulpius 1792-1816. Herausgegeben von Hans Gerhard Gräf. it 1625

Johann Wolfgang Goethe
im Insel Verlag

Lieber Engel, ich bin ganz dein. Goethes schönste Briefe an Frauen. Herausgegeben von Angelika Maass. Mit zahlreichen Abbildungen. it 2150

Sollst mir ewig Suleika heißen. Briefwechsel mit Marianne und Johann Jakob Willemer. Herausgegeben von Hans-J. Weitz. it 1475

Zu Goethe

Beutler, Ernst. Essays um Goethe. it 1575

Goethe. Sein Leben in Texten und Bildern. Vorwort von Adolf Muschg. Herausgegeben von Christoph Michel. Gestaltet von Willy Fleckhaus. Leinen, kartoniert und it 1000

Goethe. Seine äußere Erscheinung. Literarische und künstlerische Dokumente seiner Zeitgenossen. Zusammengetragen von Emil Schaeffer. Überprüft und ergänzt von Jörn Göres. it 2275

Bei Goethe zu Gast. Besuche in Weimar. Herausgegeben von Werner Völker. Mit zahlreichen Abbildungen. it 1725

Die Erotica und Priapea aus den Kunstsammlungen Johann Wolfgang Goethes. Herausgegeben und erläutert von Gerhard Femmel und Christoph Michel. Limitierte Ausgabe. Mit Abbildungen. Leinen

Die Erotica und Priapea aus den Kunstsammlungen Johann Wolfgang Goethes. Herausgegeben und erläutert von Gerhard Femmel und Christoph Michel. Mit 74, teilweise farbigen Abbildungen. Klappen-Broschur

Goethe aus der Nähe. Texte von Zeitgenossen. Ausgewählt und kommentiert von Eckart Kleßmann. it 1800

Goethe im zwanzigsten Jahrhundert. Spiegelungen und Deutungen. Herausgegeben von Hans Mayer. Leinen

Goethe in Leipzig 1765-1768. Bruchstücke einer Konfession, dokumentiert in Briefen und Selbstzeugnissen. Zusammengestellt von Christine Schaper. Mit 12 Holzstichen von Karl-Georg Hirsch. Pappband im Schuber.

Goethe und die Französische Revolution. Insel-Almanach auf das Jahr 1989. Herausgegeben und erläutert von Karl Otto Conrady. Kartoniert

Goethe und die Medizin. Selbstzeugnisse und Dokumente. Herausgegeben von Manfred Wenzel. Mit zahlreichen Abbildungen. it 1350

Goethe und die Religion. Aus Goethes Werken und Briefen zusammengestellt von Hans-Joachim Simm. it 2200

Goethe, unser Zeitgenosse. Über Fremdes und Eigenes. Herausgegeben von Siegfried Unseld. it 1425 und it 2290

54/5/5.98

Johann Wolfgang Goethe
im Insel Verlag

Goethes Anschauen der Welt. Schriften und Maximen zur wissenschaftlichen Methode. Herausgegeben von Ekkehart Krippendorf. Gebunden

Hesses Dank an Goethe. Betrachtungen, Rezensionen, Briefe. Mit einem Nachwort von Siegfried Unseld. it 2250

Petra Maisak/Hans-Georg Dewitz: Das Goethe-Haus Frankfurt am Main. Mit einem Vorwort von Christoph Perels und farbigen Abbildungen. it 2225

Sigrid Damm: Christiane und Goethe. Eine Recherche. Mit 10 Abbildungen. Gebunden

Siegfried Unseld: Goethe und der Gingko. Ein Baum und ein Gedicht. Mit Abbildungen. Limitierte Vorzugsausgabe in 850 Exemplaren. Leder

– Goethe und der Gingko. Ein Baum und ein Gedicht. Mit Abbildungen. IB 1188

– Goethe und seine Verleger. it 2500

Zwanzig Handzeichnungen von 1810. Ein Zyklus. Herausgegeben von Margarete Oppel. 22 Blätter. Mit einem Kommentar von etwa 100 Seiten. Mappenwerk in Kassette

Kalender

Johann Wolfgang Goethe 1999. CalenDarium

Goethe-Kalender 1999. Mit dreizehn Handzeichnungen und Betrachtungen von Johann Wolfgang Goethe

Johann Wolfgang Goethe. 250. Geburtstag. Insel-Almanach auf das Jahr 1999. Herausgegeben von Hans-Joachim Simm. Mit einem Verzeichnis der lieferbaren Goethe-Veröffentlichungen des Insel Verlags und mit einer Übersicht über die Goethe-Editionen des Deutschen Klassiker Verlags. Kartoniert

54/6/5.98

Klassische deutsche Literatur
im insel taschenbuch

161/1/12.96

Klassische deutsche Literatur
im insel taschenbuch

Klassische deutsche Literatur
im insel taschenbuch

161/4/12.96

Klassische deutsche Literatur
im insel taschenbuch

161/5/12.96

Klassische deutsche Literatur
im insel taschenbuch

Klassische deutsche Literatur
im insel taschenbuch

161/7/12.96

Klassische deutsche Literatur
im insel taschenbuch

161/8/12.96

Klassische deutsche Literatur
im insel taschenbuch

161/9/12.96